RACISMO, INMIGRACIÓN Y REFUGIADOS

REFUGIADOS

"La gran conspiración antieuropea"

Jose Carlos Camelo da Costa

2017

No abras este libro,
si no estás preparado para conocer la verdad.

Autor: Jose Carlos Camelo da Costa

Título- Racismo, Inmigración y Refugiados: la gran conspiración antieuropea

ISBN-13: 978-1546713814

ISBN-10: 1546713816

Justificante del Asiento Registral

de la Propiedad intelectual: 990036001091 3

Editado: 2017

Portugal/España/Mozambique

"Orgullosamente solos"

CONSTITUCIÓN ESPAÑOLA

Título I "De los derechos y deberes fundamentales"
Capítulo 2 "de los derechos y libertades"
Art. 16.1 Se garantiza la libertad ideológica, religiosa y de culto de los individuos y las comunidades sin más limitación, en sus manifestaciones, que la necesaria para el mantenimiento del orden público protegido por la ley.
Art. 16.2 Nadie podrá ser obligado a declarar sobre su ideología, religión o creencias.
Art. 20.1.a Se reconocen y protegen los derechos: A expresar y difundir libremente los pensamientos, ideas y opiniones mediante la palabra, el escrito o cualquier otro medio de reproducción.

CONSTITUCIÓN EUROPEA

Art. 2.71. Título II sobre libertades.
1. Toda persona tiene derecho a la libertad de expresión. Este derecho comprende la libertad de opinión y la libertad de recibir o comunicar informaciones o ideas sin que pueda haber injerencias de autoridades públicas y sin consideración de fronteras.
2. Se respetan la libertad de los medios de comunicación y su pluralismo.

ATENCIÓN:

Antes de leer la siguiente obra titulada *Racismo, inmigración y refugiados (La gran conspiración antieuropea)*, le conviene saber que:

- Se trata de un ensayo político para mayores de 16 años.
- El autor y los editores del mismo condenan cualquier actuación negativa en la cual se utilice el nombre de esta obra.
- El autor y los editores del mismo condenan cualquier tipo de agresión o discriminación hacia algún colectivo por cuestiones de raza, sexo, ideología o credo.
- El autor y los editores del mismo afirman que defender a su raza no significa odiar o discriminar a las demás.
- El autor y los editores del mismo condenan las persecuciones que se han sucedido en el pasado y que han sido motivadas por cuestiones raciales, ideológicas o de creencias (Holomodor ucraniano, Genocidio armenio, Holocausto judío, comunismo, exterminio de la población blanca africana...).
- El autor y los editores del mismo defienden la libertad religiosa.
- El autor y los editores del mismo defienden que cada pueblo tiene derecho a decidir sobre su futuro.
- El autor y los editores del mismo creen en un verdadero estado democrático que de voz a las minorías con una representación justa; basada en cada voto y no en cuotas.

- El autor y los editores del mismo defienden la libertad de expresión y de conciencia.

- El autor y los editores del mismo condenan la represión civil, militar, judicial y social por cuestiones ideológicas, religiosas o étnicas.

- El autor y los editores del mismo se amparan en la Constitución Española (art. 16.1, 16.2 y 20.1.A) y en la Constitución Europea (art. 2.71. TITULO 2) para ejercer su derecho a expresarse en libertad.

"LA GRAN CONSPIRACIÓN ANTI-EUROPEA"

(Racismo, Inmigración y Refugiados)

1- EL FIN DE EUROPA

El fin de Europa se encuentra mucho más próximo de lo que algunos piensan. No será una caída tan agónica y traumática como la sufrida por el Imperio Romano. Ya no queda ni rastro del ardor guerrero de los indómitos galos de Vercingetorix; los cuales lucharon, durante siglos, para mantener la independencia de la Galia. Tampoco se utilizarán cañones otomanos para derribar nuestras murallas. La resistencia de los estados europeos actuales no es tan obstinada como la de Bizancio. El pueblo llano tampoco batallará hasta la extenuación, calle por calle, tratando de frenar el avance del monstruo rojo. El recuerdo del Berlín Nacional Socialista hace mucho que se extinguió. Dónde quedaron los aventureros portugueses y españoles que se echaban a la mar, sin saber si llegarían a su destino. Ahora solo hay cobardes en nuestro ario continente, eunucos castrados por el feminismo, mujeres amorales que antes de cumplir la mayoría de edad ya se han acostado con decenas e incluso cientos de hombres.

El tan deseado apocalipsis se acerca. Los kalergianos defensores del Nuevo Orden se encuentran más cerca que nunca de la victoria total. La vida en ciertas naciones europeas se está volviendo insoportable para los nativos. La profunda división social, religiosa y racial existente ha traído la guerra a las calles. La Europa actual no es más que un mastodóntico conglomerado burocrático, que da cobijo a una multitud de organismos públicos que no funcionan. Quizás lo mejor sería tratar de tirarlo todo abajo, ya que nos estamos convirtiendo en la nueva URSS: *Todos iguales, todos desacralizados, todos apátridas, todos mestizos.* El politburó de Bruselas exige más diversidad forzada a los estados miembros de la Unión Europea. Los presidentes nacionales salidos de las urnas, no son más que meras marionetas en manos de los poderes fácticos. Las sacras constituciones son pisoteadas por la voraz oligarquía financiera. Los politicastros que se sientan en los parlamentos, están ahí para evitar que nada cambie a mejor. La soberanía nacional, la integridad territorial, la independencia económica del país y la defensa de su sangre, cultura y tradición; son temas sobre los que ya no se discute.

Ser patriota está pasado de moda. Ahora lo que se lleva, es abrazar el multiculturalismo mesticista. Ya no existen límites que separen lo bueno de lo malo; la moral es cosa del pasado. La prensa occidental se dedica, en exclusiva, a ejercer el papel de altavoz mediático de los poderes fácticos; retrasmitiendo constantemente los mantras ideados por los siniestros señores kalergianos. Las fuerzas armadas y la policía sirven de aparato represor, que impide que los pueblos se echen a la calle reclamando justicia y libertad. Están construyendo una insólita sociedad de hombres hormiga, en la que los europeos blancos no tendremos cabida. El fin es conseguir crear un gulag global; el cual almacenará a todas las razas oscuras de la tierra.

Los enemigos de Europa han tardado centurias en arruinar el legado de nuestros antepasados, pero llegó el "*occidental moderno*" y con él cambió todo. Han bastado unas pocas décadas, de los siglos XX y XXI, para que su trabajo se haya visto culminado. Con el sistema educativo de parte de los intereses globalistas kalergianos, el recuerdo de una Europa grande, gloriosa y libre ha quedado borrado de la historia. Es como si nunca hubiésemos existido antes. Casi ninguno de nuestros jóvenes está interesado en saber quién es y de dónde viene. El borrado de la memoria colectiva de los pueblos, hace que Europa sea solo eso:

"Un simple nombre, un trozo de tierra repleto de gente que no siente ningún apego por ella".

La letal ideología multiculturalista no deja de ser más que ignorancia buenista revestida de purpurina; la cual es presentada ante el gran y desinformado público, acompañada de exuberantes y ruidosos fuegos de artificio. Es decir:

"Es visualmente atractiva para la mente desentrenada, pero carece de contenido para aquellos que todavía pensamos por nosotros mismos".

Toda religión o ideología tiene su punto débil y es ahí donde debemos atacar. La resistencia comienza al pensar por uno mismo. Es por eso, que los kalergianos quieren mantenernos callados e ignorantes. Las cadenas que nos oprimen y esclavizan pueden estar hechas de metal, pero también de fatuas ideas preconcebidas y repetitivos mantras. Resistencia en las calles y en nuestras propias mentes, esa es la clave del éxito. Cuantos más europeos despierten del pernicioso sueño progresista, al que nos han inducido los amos globalistas; mayor número de hombres y mujeres disponibles tendremos para que entren a formar parte de nuestro ejército de disidentes.

"Somos resistencia, somos pueblo, somos legión. Somos blancos europeos luchando por nuestra familia, sangre y tierra. No podrán pararnos".

ESPAÑA

Durante los últimos treinta años, España ha sufrido una peligrosa y letal metamorfosis. El creciente multiculturalismo ha alterado, radicalmente, la homogeneidad étnica de muchas de sus ciudades. Basta con salir de casa y bajar a la calle, para percibir el cambio. Hasta el aire huele diferente debido a la diversidad. Aromas de kebab, curri, guayabas y frituras de wanton impregnan la atmósfera, hasta volverla casi irrespirable para los pulmones del nativo. Algunos inconscientes llaman a este fenómeno: "*sociedad multicultural*", pero yo prefiero definirlo y denominarlo como: "*invasión*". Creo que el significado de dicho término define, a la perfección, la situación sustitutoria que padecemos.

- **Invasión:** *Entrada de una organización militar/social extranjera en un territorio controlado por otra entidad humana, política o religiosa diferente. El objetivo de dicha acción es el de conquistar el territorio, imponer una nueva ideología, derrocar al gobierno existente o evangelizar a los nativos.*

España se ha convertido en el destino preferido para millones de migrantes (*legales e ilegales*), que ven la oportunidad de hacer fortuna en la cansada y famélica "*Madre Patria*". Gracias a la permisividad de nuestras leyes, cientos de miles han traspasado ya nuestras fronteras con total impunidad. Han traído en sus mochilas la pesada carga de su cultura, lengua y tradición religiosa. Una vez han puesto un pie en España, les ha sobrado tiempo para reagruparse según su raza y nacionalidad. La sangre tira y al final los diferentes pueblos e individuos que conforman la especie humana, tienden a buscar la protección de aquellos a los que sienten similares.

Y de esta forma tan sencilla y natural, es como los extranjeros han conseguido hacerse fuertes. Han transformado la faz de la sociedad que los ha acogido, hasta lograr volverla casi irreconocible. España ya no es lo que era antaño. En definitiva, España hace mucho que dejó de ser España. La ingeniería social kalergiana ha hecho que pasemos de ser un pueblo de conquistadores, a un puñado de atemorizados y desunidos conquistados. Paseando por algunas de sus milenarias y bellas ciudades, uno no sabe si está en un zoco de Marrakech, en una favela de Sao Paolo, en un caótico e ilegal mercado de Nairobi o en la mismísima Sodoma y Gomorra (*actualmente renombradas: Ibiza*). Te puedes cruzar con un millar de personas, pero sabes que algo malo ocurre cuando todas ellas son diferentes a ti y a los tuyos.

La frutería del barrio ahora es de un marroquí que a veces la usa de locutorio, el barrendero es un gitano, el dueño del comercio de alimentación un ciudadano chino y el bar de la esquina se ha convertido en un pub latino. ¿Y los negocios de los españoles dónde están? Debes abrir mucho los ojos para ver alguno. Nos han expulsado de los barrios en los que ellos son mayoría. Todo esto se sabe, pero nadie quiere hablar sobre ello. En la no tan lejana fecha de 1998, los extranjeros todavía representaban apenas el 2% de los empadronados. En la actualidad, las cifras oficiales indican que en nuestro país residen cerca de seis millones de foráneos; lo que equivale a casi al 12% de la población total. Pero, ¿es esto cierto?

Cualquier individuo mínimamente versado en el arte de la política, debe desconfiar de los números dados por las altas instituciones de nuestro estado. Conviene recordar que las naciones europeas son víctimas de una conspiración internacional, mediante la cual se busca y fomenta la sustitución de la población nativa por elementos humanos procedentes del Tercer Mundo. El Plan Kalergi y el exterminio de la raza blanca no son ninguna teoría conspiranoica, defendida por individuos apocados que viven en los sótanos de la casa de sus padres y que llevan en la cabeza gorros hechos con papel de aluminio. Por muy irreal que pueda parecer, el Plan Kalergi se ha ido aplicando con total impunidad desde la finalización de la Segunda Guerra Mundial. Creer que España se ha mantenido inmune a sus efectos, es pecar de excesiva inocencia o ignorancia; dependiendo del caso y del sujeto.

Al igual que ocurre en el resto de Europa, la destrucción del pueblo español se está llevando a cabo mediante la importación de millones de tchandalas tercermundistas (*inmigrantes y refugiados*). Una vez dentro, pueden elegir mezclarse con los europeos o mantenerse puros mientras van desplazando a los nativos. Los partidos políticos del sistema, el lobby feminista y LGTB o las asociaciones tipo SOS Racismo, callan ante este genocidio legal. Son la sangre y la raza las que otorgan una identidad propia a un país. Por lo tanto, una España sin españoles no es más que una realidad innatural, vacía y descastada. La sustitución étnica que sufrimos es contraria a la existencia de nuestra nación. La masiva inmigración destruye la esencia de la identidad española.

Se puede afirmar que fue a partir del año 2000, cuando en plena burbuja del ladrillo, el número de inmigrantes residentes en España (*de manera legal*) aumentó vertiginosamente. Pongamos cara a este problema, es decir: datos, para averiguar cuán grave es. En el año 2011, el INE contabilizó a 5,7 millones de extranjeros empadronados; casi diez veces más que en 1998. Dicha cifra se asemeja a la publicada por la ONU en 2014: 5.852.953 de inmigrantes; lo que supone el 12,6% de la población española. Los inmigrantes que llegan a nuestro país proceden de los siguientes países: Marruecos, Rumanía y Ecuador; entre otros.

País de origen	Población total residente en España (2015)
Marruecos	699.800
Rumanía	658.132
Ecuador	421.758
Colombia	346.936
Argentina	250.778
Perú	183.529
Bolivia	154.675
China	152.904

Pese a la fuerte crisis económica que llevamos arrastrando desde el año 2010, seguimos siendo un destino atractivo para los inmigrantes que vienen de Latinoamérica. Nuestro generoso sistema de prestaciones sociales, la sanidad y educación pública o la similitud cultural existente suponen un incentivo para esos mismos extranjeros. Por mal que esté la cosa en España, siempre les irá mil veces mejor que en sus respectivos países de origen. El número de extranjeros empadronados no ha disminuido, tal y como la prensa del sistema nos quiere hacer creer. Pocos o casi ninguno, regresan a su hogar. Las estadísticas de 2016 nos indican que el número de inmigrantes empadronados se mantiene estático. Es más, incluso han aumentado ligeramente su cuantía en zonas como Barcelona o Madrid.

Ranking de las 10 ciudades españolas
con mayor número de población extranjera
(Datos del padrón, 1 de enero de 2016)

Madrid	792.627
Barcelona	688.463
Alicante	342.686
Valencia	246.012
Málaga	239.810
Murcia	201.255
Islas Baleares	188.896
Gerona	141.902
Almería	138.340
Las Palmas	126.817

Ranking de las 10 provincias españolas
con mayor número de población extranjera
(Estadística del padrón, 2016)

Provincia	Total de Población	Españoles	Extranjeros	% de Extranjeros
Almería	704.297	565.957	138.340	19,64
Gerona	753.576	611.674	141.902	18,83
Alicante	1.836.459	1.493.773	342.686	18,66
Islas Baleares	1.107.220	918.324	188.896	17,06

Lleida	434.041	360.746	73.295	16,89
Melilla	86.026	72.706	13.320	15,48
Tarragona	792.299	672.561	119.738	15,11
Málaga	1.629.298	1.389.488	239.810	14,72
Castellón	579.245	495.564	83.681	14,45
Murcia	1.464.847	1.263.592	201.255	13,74

Dejo al criterio del lector el decidir si, en su opinión, hay pocos, muchos o demasiados extranjeros residiendo en España. Las cifras aportadas son las que son. No he querido maquillarlas y mucho menos exagerarlas; a sabiendas de que, haciéndolo, conseguiría hacer más llamativo mi mensaje. El amarillismo político no va conmigo. Soy un escritor decente e intelectualmente honrado, que no se mueve por intereses espurios. Las exageraciones y generalizaciones terminan perjudicando a la causa que los patriotas abanderamos. Es nuestra obligación el ceñirnos a los hechos, para que nadie pueda cogernos con el pie cambiado. Qué necesidad hay de mentir o alterar el mensaje que se quiere transmitir, cuando la realidad lo confirma. Ya os lo digo yo: ¡Ninguna!

De todas maneras y para no llevarnos a engaño, al hablar del número de extranjeros que residen en España, debemos tratar también el tema de los "ilegales". Primero definamos qué significa dicho calificativo:

- **Inmigrante ilegal o en situación irregular:** *Individuo que decide emigrar a un país, sin tener el permiso correspondiente. Puede residir y/o trabajar en el mismo, pese a que las leyes y la legislación vigente se lo prohíban. Coloquialmente se les conoce como: "Sin papeles".*

Este ruin segmento poblacional no aparece representado en ningún cómputo, estadística o padrón oficial. Es muy difícil saber cuántos son y por dónde se mueven. El gobierno del Partido Popular afirma que en España residen, actualmente, unos 1.470.000 *"sin papeles"*; cifra muy inferior a los más de dos millones que calculan diversas ONGs. Sabiendo esto, cabría preguntarse: ¿de dónde proceden dichos sujetos? Y mejor aún: ¿cómo logran llegar a España y quedarse?

Debemos tener en cuenta que desde el año 2000, se ha disparado el número de inmigrantes ilegales que han llegado a España a través del Estrecho, el aeropuerto madrileño de Barajas o cruzando en coche la frontera de los Pirineos. El aumento de la seguridad en la valla de Melilla, tampoco ha impedido los asaltos masivos y diarios de los subsaharianos. España está sufriendo una invasión muy similar, a la que ya sufrió hace siglos con: los romanos, visigodos y musulmanes. Cientos de miles de almas entrando a la fuerza, dispuestas a apropiarse de los bienes y tierras de la población autóctona. ¿Creen que estoy exagerando? ¿Cómo lo definirían ustedes? ¿Acaso la llegada de los romanos no llevó casi a la extinción a los pueblos celtas de la península? ¿Y qué sucedió cuando los visigodos y demás pueblos germánicos saquearon las ciudades del decadente Imperio Romano? ¿Quizás a los visigodos les pareció bien, que las tropas bereberes cruzaran el Estrecho y los aplastaran en la Batalla de Guadalete? De nuevo, la historia entra en escena para poner en su sitio a los mamarrachos defensores de la convivencia multicultural.

Volviendo a la actualidad. Cabe destacar que el número de ilegales que llegan en patera a la Península, ha ido *in crescendo* desde el año 2014. El conflicto sirio y la inestabilidad reinante en el norte del continente africano, alimentada hábilmente por las llamadas: *"Primaveras Árabes"*;

son los causantes de que cada vez más habitantes del Tercer Mundo se echen al mar, subidos en inestables lanchas de goma con las que tratan de alcanzar el sueño europeo. El gobierno español se ha visto obligado a aumentar la presencia policial en el territorio africano de Melilla, para reforzar la seguridad en la valla fronteriza con Marruecos. No deja de sorprender que en tiempos de Franco bastara con dos guardiaciviles, una alambrada de metro y medio de alto, y un poco de mano dura para mantener a raya a los ilegales.

Veamos el cambio que ha sufrido la valla de Melilla en todo este tiempo. De los rudimentarios puestos fronterizos franquistas, se pasó a dos vallas paralelas de tres metros de altura. Viendo que cada vez eran más los subsaharianos que las trepaban con suma facilidad, las elevaron hasta los seis metros para tratar de frenarlos. Las tan demonizadas concertinas (*cuchillas*), los puestos alternos de vigilancia, los sensores electrónicos de ruido y movimiento, y las videocámaras de vigilancia; debían haber servido para garantizar la impermeabilidad de la frontera, pero no fue así. Tal concentración de modernas medidas de seguridad y el ingente gasto que éstas han supuesto para las arcas públicas, no ha valido para nada. Muchas veces son las propias fuerzas marroquíes las que ayudan a los inmigrantes en los saltos, ante la indiferencia y la inoperancia de las autoridades españolas. Esto me lleva a pensar que algo mal estarán haciendo los sátrapas patrios, para que nuestras posesiones en África se estén convirtiendo en coladeros.

Desde Rabat se controla lo que ocurre al sur de la frontera. Es el propio rey Mohammed VI el que decide cuándo y cómo se permite a los subsaharianos asaltar Melilla. La prueba la tenemos en las faldas del monte Gurugú. El monte Gurugú forma parte de la Sierra de Nador y es el punto más elevado del cabo de Tres Forcas, en la costa norte de Marruecos. Apenas veintiún kilómetros separan a Gurugú de la ciudad española de Melilla. Desde hace ya más de una década, miles de inmigrantes, la gran mayoría de ellos de origen subsahariano; han pasado por los campamentos chabolistas de Gurugú. Algunos han estado malviviendo entre plásticos durante meses, e incluso años, en espera de poder dar el salto que les permita entrar en Europa.

La gendarmería marroquí suele pasarse por los asentamientos chabolistas de Gurugú, de forma habitual, para exigir un soborno a los más de dos mil extranjeros que actualmente allí residen. Quienes se resisten a pagar o no tienen dinero suficiente para ello, sufren las consecuencias de inmediato. Normalmente se dan dos casos: *los detienen y expulsan tras soportar la paliza de rigor o bien los gendarmes les exigen el doble de dinero para la próxima vez que vuelvan; no sin antes propinarles una buena zurra.* Sea como fuere, los subsaharianos nunca se libran de las patadas y porrazos de las autoridades.

Cuando desde Rabat quieren blanquear la imagen de su sepulcro montañoso, de cara a la opinión pública europea organizan redadas en las que los acampados de Gurugú son expulsados a golpes y sus chozas incendiadas. Con ello, el rey Mohammed VI teatraliza su compromiso con la defensa de las fronteras al sur del Mediterráneo. ¿Por qué lo hace? Para asegurarse de que se mejoren los convenios comerciales, que el reino alauita tiene firmados con los socios de la UE. La farsa dura apenas unas pocas semanas, hasta que el último de los periodistas occidentales se ha ido. A los subsaharianos que fueron detenidos y expulsados a zonas desérticas, los gendarmes marroquíes les permiten regresar a Gurugú; no sin antes darles el tratamiento de rigor: "*Made in Marruecos*".

De todas formas, me gustaría advertirles a los europeos de que no deben dejarse influenciar por el sensiblerismo barato de "*Human Rights Watch*". Las penurias que sufren los subsaharianos no son culpa nuestra. Sus insalubres condiciones de vida en el monte de Gurugú, le incumben a Marruecos y no a España. La brutalidad policial que se ejerce en algunos casos contra ellos, viene de la porra de los gendarmes marroquíes y no de la Guardia Civil. No quiero sonar cruel, pero esa es la verdad. Lo que sí debe preocuparnos, son los saltos masivos de la valla que desde allí se planifican, organizan y ejecutan. Seamos pragmáticos. Dejándonos embriagar por buenos sentimientos de ayuda internacionalista, no lograremos sobrevivir. Si nosotros, los españoles, no miramos por "*los nuestros*"; nadie lo hará por nosotros. A veces la vida te exige ser algo egoísta en ciertos temas, preocuparte solo por aquello que te aportará un beneficio. Ser solidario está bien de cara a la galería, pero no cuando los tuyos pasan hambre. Con millones de españoles parados, las cárceles repletas a rebosar de extranjeros y cada vez más inseguridad en las calles, dejar entrar a más inmigrantes es un suicidio.

Esto es algo en lo que parecen no creer los politicastros que nos desgobiernan. El número de inmigrantes, con o sin papeles, a los que regalan la nacionalidad española; no ha hecho, sino que aumentar desde los años ochenta. Los diferentes gobiernos salidos de la Transición han proseguido, en perfecto orden y calma, con las "*regularizaciones*" masivas de extranjeros iniciadas por la ejecutiva anterior a la que sucedieron en el cargo. Tanto populares como socialistas son férreos defensores de la aberrante España multicultural y multirracial. Por poner dos ejemplos. El mantra *"papeles para todos"* fue adoptado por el expresidente José Luis Rodríguez Zapatero. Su eslogan kalergiano sirvió de "*efecto llamada*" para la población tercermundista. Tampoco conviene olvidar como durante el gobierno de José María Aznar, se nos vendió que: "*Darles papeles a los extranjeros ilegales era necesario, conveniente y positivo para la economía española*".

El número de extranjeros empadronados no ha parado de crecer desde entonces, al igual que las partidas presupuestarias destinadas a garantizar su "*integración*". La crisis generada por el pinchazo de la burbuja inmobiliaria vino a confirmar que: *en España existe una excesiva demanda laboral, imposible de ser cubierta*. Pese haber vivido periodos con una tasa de paro "*real*" superior al 27%, los inmigrantes han seguido entrando a espuertas. Lo curioso es que los cotizantes a la Seguridad Social, de origen extranjero, no se han visto incrementados de igual modo. Esto significa dos cosas:

1. *El mercado laboral español es y se ve incapaz de absorber a la totalidad de trabajadores extranjeros, que llegan masivamente cada año.*
2. *Muchos de los migrantes no vienen con la idea de trabajar y prosperar, gracias al sudor de su frente.*

Sabiendo esto de antemano, toca preguntarse: ¿por qué siguen o seguimos dejando entrar a tanto forastero? No es ninguna exageración y mucho menos una cuestión de racismo, el afirmar que en España no hay sitio para todos. Con la industria pesada, pesquera, ganadera y agrícola desmanteladas, siguiendo las órdenes del politburó supremo de Bruselas; no hay posibilidades reales de recolocación para tanta gente. Nos han convertido en un país de servicios, de "*sol y playa*". Toda nuestra economía gira ahora alrededor de las cifras macroeconómicas, que generan los turistas que nos visitan cada año. Nos hemos convertido en una nación de camareros y eso es vergonzante. Vivimos a expensas de los vaivenes geopolíticos y del tiempo, aunque es la inestabilidad en los países africanos la que nos da de comer. Sin *"Primaveras Árabes"* se acabó el chollo.

Muchos españoles se preguntan: ¿qué será de sus hijos el día de mañana? La situación laboral que les espera es nefasta. Millones de individuos compitiendo por contratos basura, gracias a los cuales cobrarán salarios de miseria. Ni que decir tiene, que permitir la entrada de nuevos demandantes de empleo o de ayudas sociales solo hace que agravar el problema. Apliquemos un poco de sentido común. España es nuestra casa y primero se deberían atender las necesidades de sus legítimos moradores. La comida almacenada en la despensa es para la familia y, si sobra, pues se ayuda al vecino. No tiene sentido dejar pasar a cientos de extraños, cuando uno no es capaz de cubrir las necesidades básicas de los que ya están dentro.

El exceso de aforo no solo mina las provisiones que tenemos almacenadas en el *Fondo de Reserva*. La sanidad también se ve afectada por la saturación humana. A diferencia de otros países, en España hasta los *"sin papeles"* tienen derecho de acceso al Sistema Nacional de Salud. La atención de los inmigrantes ilegales no reporta ningún beneficio a la sociedad de acogida, pues únicamente sirve para incrementar el gasto público. No hablo de negarles el servicio de urgencias; medida del todo contraproducente, ya que podría causar un grave peligro de salud pública. Pero, ¿por qué hemos de facilitarle una tarjeta sanitaria a una persona que no cotiza y que tampoco debería estar viviendo aquí?

Toca dejar de regalarle privilegios a quienes se han negado, desde un principio, a cumplir las normas y obligaciones que rigen en España; al haber entrado ilegalmente en el país. Ejercer durante años la política de mano blanda con este tipo de individuos, solo ha hecho que el problema aumente de tamaño. El *"Top Manta'*, por ejemplo, es fruto de la impunidad absoluta de los ilegales. Miles de vendedores ambulantes de origen subsahariano *"okupan"* las calles, paseos marítimos y ferias españolas; ofreciendo sus productos falsificados a los viandantes. Se ha normalizado tanto esta situación delictiva, que ya ni los agentes de seguridad parecen inmutarse al verlos. La permisividad de las débiles autoridades ha envalentonado a las mafias de las copias. En ciudades como Barcelona los ilegales han creado inmensos bazares callejeros, en los que los vendedores se han adueñado de casi toda la vía pública.

Mientras tanto, los comerciantes españoles que sí pagan impuestos, ven como esto repercute negativamente en sus negocios. Pese a las pérdidas que el *"Top Manta"* le causa a los minoristas nacionales y a sabiendas de que su ilegalidad comercial priva a las arcas públicas, de la recaudación de los impuestos que recaen sobre dichos productos; los políticos que nos desgobiernan han legislado con nocturnidad y alevosía, para que vender en la calle sin autorización deje de ser considerado delito. Dedicarse al *"Top Manta"* supone ahora una simple falta menor; la cual, en muchos casos, ni siquiera acarreará una multa. ¿Quiénes han sido los impulsores de tal despropósito? Organizaciones de inmigrantes, plataformas de juristas progresistas, partidos políticos, ONGs… Para los defensores del *Top Manta*:

"Condenar dicha actividad va en contra de los Derechos Humanos, ya que priva a los inmigrantes ilegales de su medio de vida; con el cual logran obtener unos ingresos".

Los anuncios financiados por el gobierno, nos dicen que: "*Hacienda somos todos*"; pero mirándolo con perspectiva, uno saca en claro que en España los únicos que pagamos impuestos y cumplimos las leyes somos: *la Clase Media y los pequeños autónomos*. De los Borbones, pasando por los banqueros de las *Tarjetas Black* hasta llegar a los manteros, la gran mayoría se escaquea a la hora de cumplir sus obligaciones con el fisco. Con razón España se está convirtiendo en la tierra soñada para: carteristas, manteros, pandilleros, defraudadores y demás hez social.

Antes del boom migratorio, el índice de criminalidad en España era uno de los más bajos de la Unión Europea. Negar que el aumento de los actos delictivos en España, no guarda relación alguna con el incremento de la población inmigrante; es un absurdo de proporciones épicas. Los hechos nos revelan que: *Es en las ciudades con mayor densidad de población foránea, en las que más transgresiones lesivas se producen*. Por más que se empeñen los juristas a sueldo del Nuevo Orden, el demostrar la relación evidente entre inmigración y delincuencia no es un delito de odio. Tanta represión ejercida contra las voces políticamente incorrectas que lo denunciamos, viene a confirmar que:

"Airear la verdad sobre la realidad que vivimos, no es del gusto de quienes ostentan el poder desde las sombras".

La farsa de la pacífica convivencia multiculturalista, no puede ser cuestionada y mucho menos desmontada con hechos. La versión oficial dada por los altavoces mediáticos del Estado, debe ser la única que el pueblo escuche. Da igual que las calles patrias ardan, los muertos se amontonen o las violaciones aumenten; España ha de seguir siendo cada vez más "*abierta*" (*sobre todo en sus fronteras*), lo queramos o no los españoles. Que yo esté aquí, en estos momentos, escribiendo un puñado de verdades incómodas en el teclado de mi ordenador; a la larga, puede traerme graves problemas. De todas formas, lo asumo y convivo con ello. El temor a que la policía del pensamiento llame un día a mi puerta, para llevarme a la fuerza al gulag, es más real que nunca. Para los escritores disidentes no suelen existir los finales felices y eso es algo que yo no puedo cambiar. Lo que sí está en mi mano, es seguir poniendo los puntos sobre las íes; para que, de una vez por todas, dejen de tomarnos por tontos.

Existen diferentes niveles o escalas de violencia a la hora de cometer un acto delictivo. Muchas veces depende del lugar de origen del maleante. Por ejemplo, los norafricanos están sobrerrepresentados en detenciones por crímenes de carácter violento: asesinatos, violaciones, terrorismo... Los sujetos procedentes de Latinoamérica suelen ser juzgados por pertenecer a pandillas callejeras, peleas, conducir ebrios o violencia en el hogar. El hampa asiática se dedica a temas de falsificaciones, tráfico de personas y creación de talleres clandestinos en los que explotan a sus compatriotas. En lo que respecta a los sujetos procedentes de Europa del este, estos suelen dedicarse más a los hurtos en lugares masificados, trata de blancas y asalto de chalets. Las andanzas de los carteristas y pedigüeños rumanos son más que conocidas en España. Conviene aclarar que la reincidente población rumana que delinque, suele pertenecer a la etnia gitana; salvo cuando hablamos de los grupos paramilitares que se dedican al robo de casas.

La proliferación de supuestos tullidos rumanos que se dedican a la mendicidad en las puertas de los supermercados o a la venta de pañuelos en cada semáforo, se está convirtiendo en una epidemia. No dejan nada a la improvisación en su teatrillo lacrimógeno. Buscan dar pena para sacarle unos euros al español descuidado y saben cómo hacerlo. Fuera de las horas de trabajo los podrás ver caminando erguidos sin ningún tipo de problema, conduciendo lujosos coches y alquilando restaurantes para celebrar sus convites; pero una vez se les acaba el tiempo libre, vuelven con absoluta maestría a ejercer su labor cotidiana: *la mendicidad*. Entonces, los focos se encienden y da comienzo la grotesca función. Cojeando ostensiblemente mientras van paseando entre los coches, golpean las ventanillas y ofrecen sus paquetes de pañuelos de papel. Otros van armados con una foto en la que salen cuatro o cinco niños pequeños y, entre lamentos, no dejan de repetir en un español que no suena a tal: *"Una ayuda siñor, por favor, míos niños querer comer".* Los más atrevidos se dedican a desplumar carteras en las estaciones de metro.

Existe un dicho popular rumano, que explica el porqué de su actitud en España:

"Los romaní no se quedan en Rumanía, porque ya no hay nada que robar".

El epicentro desde el cual se ha expandido este grupo étnico mafioso al resto de estados europeos, se llama Tandarei (*sur de Rumanía*). Casi todos los mendigos y carteristas romanís proceden de allí. Son cientos los rumanos de etnia romaní (*gitanos*) que se dedican a la caza de limosnas. Ganar un sueldo digno mediante un trabajo asalariado, no es algo que entre dentro de sus planes de vida. Incluso se dedican a la importación de discapacitados desde su Rumanía natal, para hacer más llamativo su drama visual en España. No dudan en explotar a los más débiles y desamparados, si con ello ven alguna posibilidad de negocio. Son expertos en moverse y nutrirse de la marginalidad. Llevan siglos obrando de tan infame modo. Los gitanos rumanos que no han querido en Francia, Gran Bretaña o Alemania los han traído nuestros políticos a España. Para colmo de males, millones de euros son utilizados por la administración para tratar de integrarlos. ¿Qué quiere decir esto? Pues que, con esos euros se les paga el alquiler y demás gastos mientras los españoles más humildes malviven desamparados.

Los gitanos rumanos no son los únicos elementos conflictivos que dejamos entrar en España, sin cotejar previamente sus expedientes delictivos. La permeabilidad de nuestras fronteras está convirtiendo ciertos barrios en zonas de guerra. Al igual que ocurre en Francia, los varones jóvenes de origen extranjero tienden a delinquir en mayor proporcionalidad que sus coetáneos españoles. De entre todos ellos, los marroquíes están a la cabeza de la delincuencia en España. Diversos informes policiales, los cuales han sido ocultados por el gobierno, avisan de que han aumentado un 30% los delitos cometidos por individuos norteafricanos. Por concretar aún más:

"De entre todos los asesinatos que se produjeron durante el año 2015, el 18% de los mismos fueron cometidos por criminales marroquíes. Curiosamente son apenas el 2,5% de la población española, aunque suponen el 10% del total de los individuos en reclusión carcelaria".

Hablando de los centros de reclusión. Con el descontrolado aumento de la inmigración, la población de las cárceles españolas se ha disparado hasta un 70%. Mientras que el número de internos nativos se ha incrementado solo un 29%, los extranjeros lo han hecho en un 228%.

Hablando en plata para que esto pueda entenderse: *De cada diez personas que ingresan en el "maco", seis son inmigrantes.* Las cárceles están desbordadas. Algunas llegan a superar el 200% de su capacidad. Esto es debido a que ya más del 55% de los presos en España son extranjeros y su número no deja de crecer. Tan solo la famélica y endeudada Grecia nos supera en estos alarmantes datos; aunque bien es cierto, que su idiosincrasia carcelaria poco tiene que ver con la nuestra. ¿Qué razones existen para poder explicar este engrosamiento, tan brutal, del número de extranjeros condenados? ¿Son malvados por naturaleza? ¿A lo mejor, la necesidad los ha llevado a emprender una vida delictiva?

Comencemos diciendo que hay muchos españoles en una situación precaria y no por ello se lanzan a robar, dar palizas o violar. La pobreza nunca es excusa para justificar un acto delictivo. Lo que, si debemos tener en cuenta, es que muchos de estos delincuentes (importados) pertenecen a otras razas y culturas diferentes a la nuestra: la blanca occidental. No todos nos regimos por los mismos cánones éticos y valores morales. Debemos dejar de ser tan etnocentristas y empezar a darnos cuenta de que existe un oscuro mundo más allá de las fronteras de Occidente. Algo que para nosotros está mal: *casarse con una menor o lapidar a infieles;* visto desde la *"mirada extranjera"*, puede ser algo cotidiano que hasta les produzca simpatía. Basándose en los cánones que rigen su mentalidad oriental, islámica u subtropical creen que no están haciendo nada grave. ¿Podemos reprobarlos moralmente? No, esa no es nuestra tarea. ¿Y condenarlos legalmente? Por supuesto que sí; siempre y cuando, el delito o falta se cometa en nuestro territorio.

El flácido brazo de la justicia española no suele llegar a todas partes. Tampoco conviene olvidar que muchos migrantes delincuentes se libran de un proceso judicial, gracias a no tener un domicilio fijo dónde poder encontrarlos. Ocurre que cuando los jueces ordenan su detención, la policía ha perdido por completo su pista. ¿Por qué? Pues porque si tienen oportunidad, los criminales extranjeros suelen regresar a sus países de origen.

Las cetrinas "*familias*" criminales han aprendido a aprovecharse de estas dilaciones legales indebidas. La delincuencia organizada (*mafias*) en España también está siendo copada por los inmigrantes. La proximidad geográfica de España con África, la semejanza del idioma con América del centro y sur, que la Península Ibérica sea un punto estratégico para los cárteles de las drogas o la laxitud de nuestras leyes; han hecho de nuestro país, el destino favorito de los delincuentes internacionales. Más del 80% de los miembros de clanes delictivos son foráneos: marroquíes islamistas, pandilleros latinos, rumanos mendigos, manteros africanos... Las peleas y ajustes de cuentas entre grupos mafiosos rivales son frecuentes. Y mientras tanto, los españoles sufren en riguroso silencio, las consecuencias de la multiculturalización forzada de su patria.

Al hablar de las consecuencias de la multiculturalización forzada, debemos prestar especial atención a un colectivo extremamente damnificado por culpa de la inmigración masiva; y es el de: *las mujeres de raza blanca*. Las agresiones machistas, los asaltos sexuales y las violaciones consumadas mediante penetración, han ido en aumento con la llegada de más extranjeros. Los datos nos dicen que: *marroquíes, subsaharianos y latinoamericanos son los más propensos a cometer este tipo de actos*. Casi un 25% de las mujeres españolas ha sido víctima, en mayor o menor grado, de algún tipo de agresión motivada por su género o raza. La nueva y colorida sociedad española multiétnica es mucho más amoral y violenta que su antecesora "*blanca*"; y, por lo tanto, facha *(según los cánones progresistas)*. Los funestos cambios que ha traído a nuestro país el incorporar, de manera masiva, a cientos de miles de individuos con los que ni siquiera compartimos la defensa de unos Derechos Humanos básicos; ha propiciado que nuestras hijas, madres, esposas, tías, novias o amigas no puedan *"ir a"* o caminar solas por ciertos sitios.

Ya no se respeta nada; ni siquiera el derecho que tienen las mujeres, a negarse a mantener relaciones sexuales. El *"asalvajamiento"* colectivo y la ausencia total de empatía con los dramas del prójimo, sobre todo si es un *"infiel"*, permiten que sea mucho más sencillo el abusar de alguien. La prensa del sistema les ha enseñado a los inmigrantes, que los blancos somos los culpables de todos los males habidos y por haber. La campaña demonizadora que nuestra raza lleva sufriendo desde hace décadas, nos ha convertido en chivos expiatorios a los que poder golpear libre e impunemente. Los dirigentes del Nuevo Orden necesitan que las razas oscuras descarguen su ira y frustración; y nosotros somos el *"puching ball"* que recibirá todos esos golpes. No es menos cierto que la religión que profesan algunos extranjeros, les permite tomar a su antojo las vidas y el cuerpo de las mujeres occidentales; al considerarlas impuras por ser infieles. Los programas de televisión también ayudan a reforzar negativamente, la visión que tienen sobre las españolas.

"Sujetas promiscuas, que lucen vestidos ridículamente minúsculos y que tienen un cerebro igual de pequeño.

La epidemia de violencia física y sexual de la que son víctimas las españolas de a pie, hace que lidiar con el día a día sea una peligrosa carrera de obstáculos. Esto es algo que a las agrupaciones feministas de nuestro país parece no importar. Para estos agentes subversivos financiados por el magnate Soros:

"Este tipo de crímenes no tienen color ni nacionalidad. Todos son fruto del machismo".

Las feministas culparán al fantasma del patriarcado, a los hombres españoles o a la Iglesia Católica antes que admitir que estos supuestos actos machistas no vienen motivados por el género; puede que en algunos casos sí, pero no en todos. El odio antiespañol de los extranjeros está detrás de la gran mayoría de ellos. Para negar la realidad, las feministas y demás ralea izquierdista vividora de lo público se refugian en los dogmas buenistas del pensamiento progresista:

"De cometer algún tipo de mal, los extranjeros siempre lo harán desde la ignorancia".

Este absurdo angelismo ideológico sirve para exculpar de todo mal a los coloridos tchandalas. Su trasnochada teoría neomarxista defiende que:

"Solo los blancos poseemos un sistema que nos ampara, para poder ejercer el racismo y la discriminación sobre otros pueblos; pese a que las evidencias demuestran que el odio étnico es un sentimiento recíproco (bidireccional)".

A través de sus esbirros políticos y mediáticos, los maestros kalergianos del Nuevo Orden deforman, a su antojo, las experiencias traumáticas del pueblo español; pregonando que: *"Nada malo puede suceder en una sociedad multicultural"*. Por algo, nos la tratan de vender como la panacea del desarrollismo moderno. Hablan la lengua de la mentira. Por eso, son expertos a la hora de tergiversar los acontecimientos. El peso del sentido común, lo que nuestros ojos ven, la sangre inocente derramada en el altar del globalismo; no son rivales frente al aplastante poder de su maquinaria propagandística. Pocos son los que finalmente no claudican y se terminan sometiendo voluntariamente. Vivimos en una época en la que escasean los héroes. Es mucho más fácil y cómodo el desviar la mirada, que afrontar con arrojo y valor los problemas que afligen a los nuestros; a los blancos españoles.

Los españoles actuales, indistintamente del género al que pertenezcan o con el que se identifiquen; temen llamar a las cosas por su nombre, por miedo a dejar de ser modernos. Nuestro país se ha transmutado en una tierra repleta de cobardes y pusilánimes, de traidores y apátridas, de eunucos y rameras. Con razón, las huestes de Oriente avanzan sin toparse con oposición alguna. Las ciudades y pueblos españoles son el campo de batalla, donde se está librando una guerra racial y religiosa. Por cierto, la cual vamos perdiendo de forma clara. Con frecuencia vemos cómo las bandas multiétnicas se adueñan de todo cuanto tocan, sin que los nativos hagan nada por defender lo que es suyo. Los españoles blancos ya no pueden ir seguros, por donde antaño sus ancestros caminaban con total tranquilidad. Ni en sus propias casas se encuentran a salvo de la multiculturalidad. Y ahora muchos lloran cual cobardes, por no saber comportarse como patriotas cuando la situación lo requirió.

La falta de arrojo y heroicidad de los españoles del siglo XXI, beneficia a los invasores. En pueblos como Salt (*Gerona*) o barrios como el de Tetuán o Lavapiés *(ambos en Madrid)* hace ya años que nos hemos convertido en extranjeros en nuestra propia tierra. El municipio de Salt es más de allí, que de aquí. ¿Qué significa esto? Pues que el 43% de su población es ya extranjera; porcentaje solo superado en Cataluña por el pueblo de Guisona, localidad con poco más de 7.000 habitantes. La sustitución étnica de los nativos en dichas zonas, es un hecho más que consumado. En los pisos donde anteriormente vivían los honrados trabajadores de la industria textil, hoy en día habitan inmigrantes (*con o sin papeles*) que los convierten en verdaderos guetos verticales. El exorbitado crecimiento demográfico de la población extranjera, ha ocasionado la degradación y el declive de la vida económica en Salt. Los españoles que pudieron permitírselo, emprendieron la huida (*White flight*); al ver como empezaban a surgir los primeros choques entre nativos y foráneos. Las tensiones y ajustes de cuentas han hecho de Salt un suburbio parisino, en el que los jóvenes inmigrantes imponen su propia ley de la selva.

Los conflictos raciales entre españoles, marroquíes, gambianos, hondureños, malienses, pakistanís o senegaleses hacen de Salt un polvorín multiétnico en el que es muy difícil gestionar los problemas cotidianos. La llegada de imanes radicales a la localidad, únicamente ha servido para empeorar la situación. Los inmigrantes musulmanes quieren convertir la ciudad en una suerte de taifa árabe, en la que la Sharia sea la única ley que impere. Al pasear por sus calles, tienes la sensación de estar en el norte de África y no en plena Europa. Pocos son los que hablan español a las salidas de los colegios o mientras compran en las tiendas de alimentación. Salt está a un paso de adquirir el estatus de colonia, pues poca soberanía española se percibe en sus instituciones. El Consejo Islámico de Catalunya es el que dicta, ordena y hace cumplir "*sus leyes*" ante la pasividad de la administración pública.

Al igual que ocurre en Salt, en el cada vez menos castizo Tetuán, surgen los mismos problemas de convivencia entre nativos y extranjeros. La integración racial y cultural en dicho barrio es prácticamente inexistente. Los miles de extranjeros que allí habitan, han mantenido su herencia étnica y lingüística casi intacta. Cada cual se junta con los suyos; creando guetos en función de la raza, país de procedencia o filiación religiosa. El distrito de Tetuán es una de las zonas más diversas de Madrid, lo que en la práctica significa que: *casi no encontrarás españoles en sus calles, pisos o plazas*. La diversidad forzosa ha terminado por espantar a la población nativa. Con un 40% de población extranjera, es normal que uno piense que está en un *"Little Ecuador"* o prácticamente en la República Dominicana.

Lavapiés es otro de esos sitios pintorescos de la capital, en los que la delincuencia y la falta de civismo de los foráneos se hace notar nada más poner un pie. Más del 55% de sus habitantes son extranjeros. Noventa nacionalidades distintas cohabitan en sus estrechas calles, dando forma a una Babel ingobernable; en la que el más nimio ápice de españolidad ha sido borrado de la historia. Lavapiés es un microcosmos multirracial, en el cual las caras blancas son una minoría. Solo hace falta salir a la calle, para percatarse de que allí: *"casi ningún lavapiesino es legal"*. Los grupúsculos de africanos, latinos y magrebíes son los dueños del barrio. Además de las casas okupadas por la extrema izquierda radical, en cada esquina de Lavapiés puedes encontrarte con un negocio regentado por extranjeros: restaurantes indostaníes, locutorios latinos, pastelerías marroquíes, peluquerías chinas... De ser una antigua judería, Lavapiés ha pasado a transformarse en un barrio multicultural; en el que casi ninguno de sus habitantes tiene nada en común.

Cerca del Pilar, entre las calles de Boggiero y Cereros, se encuentra el Gancho; zona multiculturalizada por excelencia de la "mañica" Zaragoza. Los pocos vecinos españoles que allí quedan resistiendo, viven atemorizados por las malas costumbres importadas por los invasores. Constantes peleas, trapicheos de drogas, robos y prostitución de mujeres negras son la seña de identidad propia del Gancho. Los extranjeros tienen intimidados a los nativos, la mayoría de ellos ya en edad muy avanzada. Al caer el sol, se encierran bajo llave en sus casas hasta el día siguiente; convirtiéndose así en presos del multiculturalismo. La convivencia intercultural es prácticamente inexistente. La policía acude frecuentemente al Gancho para tratar de mantener una calma relativa, pero casi nunca lo consiguen. A los agentes del orden les da reparo llamarles la atención a los extranjeros, por temor a que estos les acusen de racistas. Gracias al uso de este efectivo vocablo, logran atar de pies y manos a los policías. ¿Y qué opina el alcalde Podemita de Zaragoza del gueto del Gancho? Lo de siempre:

"No existe problema alguno. Son todo exageraciones de los racistas".
(Pedro Santisteve - Zaragoza en Común/Podemos)

Nuestros gobernantes se empecinan en no ver el problema. Culpan al pueblo español de mentir y exagerar la realidad. Nunca centrarán su atención en el verdadero foco que origina el conflicto; puesto que los extranjeros ilegales de hoy, serán sus futuros votantes del mañana.
Orriols (*Valencia*) es otro de esos suburbios humildes, en los que la población inmigrante ya supera el 35%. La desatención y desidia de las autoridades ha terminado por transformarlo en un agujero multiétnico, en el que el paro roza el 40%. Durante el pasado siglo XX, los habitantes

de Orriols procedían en su gran mayoría de: Extremadura, Andalucía y Castilla la Mancha. En la década del 2000, esos españoles del centro y sur peninsular fueron desplazados por: sudamericanos, albaneses, marroquíes... Como de costumbre, la alta densidad de población foránea ha generado un clima insostenible de tensión racial, que ha causado ya violentos conflictos vecinales. Si vas a Orriols y le preguntas a los pancatalanistas de la *"Asociación de Vecinos de Orriols-Rascanya"*, te dirán que: *"La culpa de la mala fama del barrio es de la Extrema Derecha"*. No es de extrañar que se posicionen del lado de los invasores. Basta recordar que dicha asociación se nutre de sujetos afiliados a organizaciones islámicas.

La exclusión social y el fracaso escolar también son muy elevados entre la población inmigrante de Orriols. Pocos son los hijos de extranjeros que terminan la enseñanza obligatoria y, muchos menos aún, los que consiguen acceder a estudios superiores (*bachiller o universidad*). Las ayudas que brindan los servicios sociales y los tres bancos de alimentos del barrio, son la única forma de subsistencia para gran parte de esta gente. La ocupación de locales y pisos en Orriols es también una práctica habitual. Los clanes gitanos del Cabanyal han sabido hacer negocio de esta dramática situación. Por una módica cantidad, le pegan una patada a la puerta de la casa que elijas y te meten dentro. La suciedad en las calles es otra muestra de la degradación del barrio. Hasta los servicios de limpieza deben entrar escoltados para realizar su trabajo. Desde luego, Orriols no es un buen sitio para vivir.

La situación que se vive en Son Gotleu (*Palma*), también es digna de ser mencionada. En tan solo diez años, se han quintuplicado el número de extranjeros no comunitarios residentes; siguiendo el mal ejemplo de la barriada de Pere Garau. El colectivo nigeriano es uno de los más numerosos (*70%*); pero también hay una amplia comunidad de gitanos, marroquíes, senegaleses y latinos. Son Gotleu es una olla a presión a punto de estallar. El índice de criminalidad en el barrio es superior (*13%*) al del resto de ciudades de la península. La violenta animadversión que sienten los gitanos y nigerianos, origina constantes y masivos disturbios entre ellos. Queda en el recuerdo la violenta batalla racial que llevaron a cabo ambas etnias, tras la muerte de un africano negro en el año 2011; mientras trataba de huir de un clan gitano. Contenedores incendiados, coches volcados, escaparates rotos, agresiones a los españoles blancos que transitaban por la calle en aquellos momentos y mucho miedo entre los residentes; fueron las consecuencias que dejó el fracaso de la convivencia intercultural en Son Gotleu.

El barrio del Príncipe, en la periferia de la ciudad autónoma de Ceuta, es otra de esas zonas calientes que más parecen Marruecos que España. El desempleo, la marginalidad, el tráfico de hachís y el fundamentalismo yihadista son su seña de identidad. Enclavado en el norte del continente africano, la mayoría de su población profesa la fe musulmana. Los cristianos españoles han ido desapareciendo de las ruinosas casas, que conforman una maraña de callejuelas en las que es imposible no perderse. El Príncipe es considerado como: "*el barrio más peligroso de España*". La realidad que se percibe en Ceuta y Melilla no llega a la península. La verdad ha sido silenciada de tal modo, que los crímenes y delitos que allí se cometen suelen quedar impunes. La guerra abierta que mantienen familias rivales dedicadas al tráfico de hachís, es la causante de la mayoría de las muertes violentas que se registran. Hace décadas que el gobierno de Madrid dejó de dictar las normas y leyes en el Príncipe. Ahora son los "*líderes tribales*" de cada clan, los que resuelven los conflictos.

De qué sirve reivindicar un *"Gibraltar español"*, cuando ni siquiera somos capaces de controlar lo que sucede en la España del otro lado del Mediterráneo. Los casos aquí reproducidos no son una *rara avís,* ni mucho menos la excepción. Si no cito más es por falta de espacio y también porque no quiero aburrir a mi apreciado lector. Podría continuar explayándome; relatando los dramas que la inmigración ha causado; nombrando cientos de pueblos y ciudades que se han echado a perder gracias al vil enriquecimiento multiétnico; denunciando la cohabitación criminal de muchos alcaldes con los clanes mafiosos extranjeros; pero prefiero dejarlo aquí. Dicen que a buen entendedor pocas palabras bastan.

A muchos de vosotros os pueden resultar ajenas las realidades que se viven en el Gancho, Son Gotleu o Salt. Pero ignorar el mensaje de alerta que trato de transmitiros con mis palabras, puede costaros caro en un futuro próximo. Quizás penséis que eso nunca llegará a suceder en vuestro barrio, que lo he exagerado, que la multiculturalidad es progreso, que mi mentalidad es la propia de un facha arcaico. Estáis en vuestro derecho de pensarlo, de ser ignorantes, de querer cerrar los ojos para evitar mirar de frente al problema. No todos tienen el valor suficiente para hacerlo y puede que vosotros simplemente seáis unos cobardes, que se dejan llevar por el aquí y el ahora. ¡Ay, los goces terrenales! Qué fácil es sustituir el bien común por el placer inmediato. El sistema sabe que sois débiles de mente, cuerpo y espíritu. De ahí que alimente vuestros fallos, para haceros más imperfectos.

Quizás un día decidáis pensar por vosotros mismos. Tal vez cuando el primitivo progreso que viene de la mano de la inmigración, llame insistentemente a vuestras puertas. Puede que seáis despedidos y en vuestro lugar metan a un *"nacionalizado"*, que cobre la mitad del sueldo que os pagaban. Ahí sí que comenzará a doleros la cabeza y la cartera por culpa del: "*papeles para todos*". A lo mejor, cuando vuestra hermana, madre, hija, sobrina o amiga sea enriquecida multiculturalmente gracias al sádico juego del *Taharrus*; clamaréis indignados, exigiendo justicia. Quién sabe, todo es posible en esta vida. Pero hasta que eso suceda y por vuestro propio bien, debéis saber que el reloj no se detendrá.

Los defensores del Plan Kalergi tienen todo atado y bien atado. Nada puede interponerse en su plan para desespañolizar España. Si para ello deben acelerar los engranajes de la maquinaria política, que permite el trasbordo de individuos del Tercer Mundo hasta territorio europeo; lo harán sin que les tiemble el pulso. Cuentan con la corrupta lealtad de esbirros trajeados: políticos, sindicalistas, periodistas y empresarios; para llevar a cabo su gran conspiración antieuropea. No os extrañe ver que cuando el pueblo español comience a despertar, tal y como pasó con Trump en los EEUU, surja de la nada una violenta campaña "*social*"; exigiendo la multiculturalidad forzada, de quienes no quieren perder su identidad. Aunque, ¿acaso no han empezado ya?

Pongamos atención a la campaña "*a favor de la diversidad*", que realizó el diseñador marxista: Álvaro Sobrino. Dicha obra adquirió renombre nacional allá por el lejano año 2009, pese haber sido ideada para las: "*IX Jornadas de Diseño Gráfico Motiva 2008*"; la cual organizaba, por aquel entonces, la Escuela de Arte de Oviedo. Me gustaría recalcar que: *Álvaro Sobrino contó con la financiación de la Consejería de Educación y Cultura del Principado de Asturias.*

Soy puta.

Soy negro.

Soy marica.

Soy moro.

Soy sudaca.

Soy mujer.

El diferente eres tú, imbécil.

(Álvaro Sobrino - artista progre, 2008)

Cuánta elegancia destila la bella prosa escrita, por este pensador de la escuela marxista. Es por todos sabido, que la cultura y el arte moderno adolecen de buenos modales, sentido y calidad. Pero vayamos al meollo del asunto. ¿Qué pensáis que quería transmitir dicho tarado, cuando ideó una campaña publicitaria tan soez, discriminadora y racista (*anti blanca*)? No hace falta meditarlo, para dar con la respuesta acertada:

"Álvaro Sobrino únicamente se limitó a plasmar aquello que sus mecenas kalergianos le dictaron".

Por algo recibió una buena suma de dinero público, procedente de nuestros bolsillos, para ver su repulsivo trabajo expuesto en todas las marquesinas de autobuses. Nadie alzó la voz para denunciar que dicha obra, atentaba contra los derechos fundamentales de los niños; al exponerlos a un lenguaje soez con ciertas connotaciones sexuales. Perversión progre en estado puro. Mancillar la mente de los más jóvenes para pudrir sus almas. No quiero ni imaginar el revuelo que se habría montado, si en lugar de dicha oda a la mediocridad, se hubiese expuesto el siguiente texto:

Soy obrero.

Soy blanco.

Soy heterosexual.

Soy español.

Soy europeo.

Soy hombre.

Soy mujer.

El diferente eres tú, imbécil.

(J. Carlos Camelo da Costa - escritor, 2017)

Furiosos ríos de tinta llenarían las portadas de los periódicos nacionales y regionales, denunciando mi atrevido pensamiento neofascista. Los politicastros de turno se rasgarían sus caros trajes condenando, firme y tajantemente, este atentado en contra de la multiculturalidad. Las ONGs, seudo asociaciones vecinales (*casas okupas*) y grupos antifascistas recorrerían las calles, antorcha en mano, pidiendo mi cabeza. La injusta justicia española me aplicaría la condena más dura, sin importar el delito cometido. Pero claro, cómo alguien va a sentirse orgulloso de ser blanco, heterosexual y español. Eso es una herejía propia de reaccionarios; una abominable muestra de que Franco todavía sigue vivo; la prueba empírica que demuestra que los hombres blancos somos la maldad personificada.

El sistema necesita de más inmigrantes, a poder ser de color, para que así la sociedad no se escandalice ante mensajes como el de Álvaro Sobrino. Los ideólogos kalergianos buscan la creación de una masa amorfa de hombres y mujeres inconexos, una raza de hormigas, de golems sin alma; para asegurarse de que la llama nacionalista se extinga para siempre. Por eso, gritan a los cuatro vientos que: *España necesita de más extranjeros, si quiere salvarse.* Juegan con el miedo que tiene la gente corriente, a no cobrar su pensión el día de mañana; al introducirles la errónea idea de que:

"Más extranjeros en España son sinónimo de prosperidad y cotizaciones".

La salvación no llegará de la mano de millones de coloridos tchandalas del Tercer Mundo y, mucho menos, sin son los mal llamados: *"refugiados sirios"*. La llegada de miles de exiliados a nuestro país, no es un movimiento espontáneo y fortuito. La rapidez con la que la inmensa *"serpiente humana"* recorre Europa, obedece a un único propósito: *Los defensores del Plan Kalergi no quieren esperar hasta el 2050, para ver su sueño cumplido*. ¿Por qué dicho año es tan importante? Diversos estudios han calculado que, si se mantiene a un ritmo constante este flujo migratorio, se logrará que antes del año 2050 la población blanca de origen nativo en Europa no llegue a representar ni el 40%.

El politburó de Bruselas nos ha impuesto una cuota de extranjeros que debemos importar, estemos de acuerdo o no, para que los plazos marcados en la agenda del Nuevo Orden se cumplan. Los ideólogos kalergianos saben que el reloj biológico juega en contra del pueblo español. España, con sus 1,3 hijos de media, es uno de los países con el menor índice de fecundidad de toda Europa. La sustitución de la población nativa es mucho más sencilla, cuando ésta se niega a tener descendencia. El pernicioso efecto causado en el ambiente por la disminución del número de nacimientos de nuevos españoles, se ve incrementado por la importación masiva de extranjeros. El gobierno español se ha comprometido a acoger a más de veinte mil de esos seudo refugiados, procedentes de dios sabe dónde; pese a que todavía no hemos salido de la crisis.

Los privilegios que el gobierno derechista del Partido Popular va a conceder a esta gente, ya los quisieran para sí los españoles normales y corrientes. Alojamiento gratuito con todos los gastos pagados, una ayuda de 400 euros mensuales, sanidad, ropa o que el estado se haga cargo del pago de los estudios universitarios de los menores asilados; son parte de las prebendas que se les dan, por el mero hecho de ser etiquetados como: "*refugiados*". Curiosamente, la mayoría ni siquiera proceden de la región Siria. Otros son agentes encubiertos del DAESH, que han comprado pasaportes falsos en Turquía. E incluso, los hay que simplemente son vividores especializados en el arte de estafar al incauto cristiano.

El buenismo progresista y la falta de controles en las fronteras europeas permiten que, cada cierto tiempo, surjan casos como el del célebre: Osama Abdul. ¿Y quién es dicho individuo? Para los que hayáis estado viviendo en una cueva, os diré que: *Osama Abdul fue el "refugiado" al que una reportera húngara (Petra Laszlo) le puso la zancadilla, mientras trataba de cruzar la frontera a la fuerza.* Ser víctima de la desafortunada y malévola acción de la periodista, lo catapultó a las portadas de todos los medios internacionales. Los partidos de izquierdas, los grandes medios desinformativos, ONGs, multimillonarios actores de Hollywood, grupos antifascistas y demás hez social, no tardaron en morder hueso y hacer sangre del asunto.

Una mujer blanca y europea, procedente de un país rebelde a los dictámenes kalergianos (*Hungría*), había osado tocar a un pobre e indefenso refugiado musulmán "*de color*"; marrón, claro. La historia no tardó en ser cocinada y vendida al gran público desinformado; sirviendo de alimento sensiblero para la campaña de *"Refugees Welcome"*, que se estaba llevando a cabo en Europa. Hicieron de Petra Laszlo, la corresponsal húngara, la encarnación de todos los males habidos y por haber. La etiquetaron de: nazi, racista, xenófoba, violenta... Y todo por un hecho desafortunado, surgido de un momento de estrés y estupidez supina. Pensadlo bien: *Ver a cientos de extranjeros invadir las fronteras de tu país, a la fuerza, no es plato de buen gusto para nadie.* Pero aquello no importó. Ella era blanca y con eso bastaba para llevarla directamente al patíbulo. Los medios de desinformación masiva le arruinaron la vida; los mismos medios que guardaron silencio ante hechos como los de Colonia, Niza o Rotherdam. Y como ocurrió con el caso de Aylan, el hijo ahogado de un traficante de personas; los estúpidos occidentales se creyeron que Osama era la víctima.

Los políticos españoles no perdieron el tiempo y se bajaron las bragas hasta los tobillos, en espera de que el Nuevo Orden les metiera una buena dosis de multiculturalidad para el cuerpo. Obviando el hecho de que en España había casi seis millones de parados, por aquel entonces, el gobierno del Partido Popular decidió conceder asilo al refugiado Osama Abdul Mohsen. La ejecutiva del presidente Mariano Rajoy pudo tomar aquella decisión por dos motivos:

1. *Se habían creído el drama vivido por dicho refugiado y al ser una derecha maricomplejines, decidieron ser solidarios por temor a que la izquierda socialista se les echara encima.*

2. *Únicamente siguieron las órdenes que sus amos kalergianos del Nuevo Orden les dictaron: España debía ser multiculturalizada a la fuerza y la mejor manera de lograrlo era, y es, importar a más extranjeros.*

Se le concedió un lujoso pisito en Getafe (*1.200 euros de alquiler*), una escuela de entrenadores lo contrató y el gobierno tramitó la llegada a España de dos de sus vástagos. Nunca una simple zancadilla había generado tanto beneficio para el que la sufre. Sea como fuere, el hecho es que ni los servicios de inteligencia y mucho menos el Partido Popular se dieron cuenta de que: *Osama Abdul era un leal seguidor de la doctrina islámico-yihadista*. Las denuncias y la documentación aportada por el Partido Unión Democrática (*sirios kurdos*), dejaron expuesta la relación de camaradería existente entre Osama Abdul Mohsen y el Frente Al Nusra (*Al Qaeda*). No tan sorprendentemente, toda esta información terminó cayendo en saco roto. Nadie quiso indagar más en esta historia. Se corrió un tupido velo para que los españoles siguieran pensando que Osama era un angelito y no un sádico muyahidín. Para quienes forjaron de la nada el globo sonda de la zancadilla pesó más el gesto equivocado de una reportera, que la masacre de cincuenta kurdos con la que se le vincula.

Los servicios secretos y el gobierno español trataron de enterrar la información. Incluso, ordenaron borrar las pruebas que aparecían en el perfil de Facebook de Osama. La imagen del refugiado sirio más famoso en España, no podía quedar deslucida por la verdad. A diferencia de lo ocurrido con Petra, aquí nadie se rasgó las vestiduras al enterarse de que: *¡Habíamos acogido a un asesino!* Es más, pese a ello, la Escuela Nacional de Entrenadores de Fútbol (*Cenafe*) decidió renovar el contrato de Osama Abdul Moshen. Además, todavía le siguen pagando el alquiler del piso de Getafe en el que vive. La moraleja de esta historia podría ser la siguiente:

"Mientras existan estúpidos europeos que crean en el multiculturalismo y en la bondad intrínseca del buen salvaje de color, individuos como Osama Abdul seguirán actuando impunemente".

¿Qué conclusión podemos sacar en claro de todo lo escrito hasta el momento? Primero, que nuestra Patria se muere. La invasión de España es cada vez menos silenciosa. Nuevas etnias se están asentando en nuestro país de forma permanente. Las diferencias culturales entre nativos y foráneos son cada vez más evidentes. La coexistencia entre ambos grupos resulta harto difícil. De hecho, a día de hoy, los españoles son ya una minoría étnica en muchos barrios y ciudades. En este libro han quedado plasmadas las fechas, datos y lugares que confirman la existencia de una gran conspiración internacional en contra de las naciones occidentales. Una vez contada la verdad, depende de cada lector el uso que haga de la misma. Aquellos que aún aman a su tierra, lucharán por defenderla; pero quienes viven cómodamente en el fango de la mediocridad o simplemente son meros traidores o cobardes (*prácticamente es lo mismo*), seguirán cruzados de brazos mientras agachan la cabeza ante el invasor. Tened claro lo siguiente:

"Una España sin españoles, no tiene sentido ni futuro alguno. En una España multicultural, sabed que los blancos no tendremos cabida".

SUECIA

Conviene explicar un poco la historia pasada, presente y futura de este pequeño país nórdico, para saber hacia dónde se dirige en la actualidad. No está de más reseñar las palabras de Bárbara Lerne Spectre, líder judeo-sueca del lobby izquierdista: *Paideia*, para evidenciar que los suecos tienen al enemigo metido en casa.

"Europa todavía no ha aprendido a cómo ser multicultural y creo que nosotros, los judíos, vamos a ser parte de esa transformación que debe ocurrir. Europa no va a ser esa sociedad monolítica que una vez fue en el siglo pasado. Los judíos vamos a estar en el centro de todo esto. Es una transformación enorme la que Europa tiene que sufrir. Los judíos seremos mirados con resentimiento debido a nuestro papel de liderazgo, pero sin ese papel de liderazgo y sin esa transformación, Europa no sobrevivirá".
(Bárbara Spectre- 2010. Entrevista concedida al medio israelí IBA News)

Los dirigentes de los lobbys pro inmigración realizan muy bien su trabajo censor. Debido al oscurantismo informativo, es imposible conocer con exactitud la realidad poblacional nórdica. Se calcula que de los 8,9 millones de habitantes que tiene dicho país, casi un 20% de ellos son inmigrantes. Las estadísticas no toman en cuenta a los hijos de aquellas familias en la que uno de sus progenitores es extranjero y olvidan también, de forma interesada, a los *"nuevos suecos"* que han adquirido la nacionalidad. Cualquier cifra que se dé al respecto, nunca podrá plasmar del todo la realidad. Pese a ello, me atrevo a afirmar que: *Sumando a los individuos de los grupos mencionados anteriormente, obtendremos la preocupante cifra de más de un 48% de nuevos suecos e inmigrantes de otras razas.*

En menos de dos décadas, Suecia ha terminado por convertirse en un ente difuso e inconexo, en el que nadie se siente parte de nada. De una sociedad étnicamente homogénea, en la que los suecos sentían al cartero, vecino médico o profesor como a uno de los suyos; se ha pasado a una colectividad heterogénea, en la que cada grupo forma su propio microcosmos en el que habitar. En el fracasado proyecto multiculturalista sueco, las *"no tan minorías"* étnicas siguen viviendo como lo hacían en sus países de origen. Pero, ¿desde hace cuánto lleva dándose esta situación? ¿Suecia fue siempre así? La respuesta es no.

Tras la finalización de la Segunda Guerra Mundial y con una Europa central y oriental prácticamente arrasadas hasta los cimientos, los países nórdicos vieron su gran oportunidad para despuntar económicamente. Como sus fábricas habían salido casi indemnes de la contienda, de inmediato comenzaron a producir y exportar los bienes que otras naciones europeas con menor suerte demandaban. Suecia incluso se vio obligada a reclutar mano de obra extranjera, para poder seguir alimentando a su industria. En un principio, se limitaron a traer a los trabajadores cercanos a su órbita de influencia cultural. Los primeros en acudir a la llamada, fueron los proletarios de los países vecinos. La afluencia de estos obreros experimentó un incremento considerable después de 1954, año en el que se firmó un convenio de trabajo para el mercado común nórdico. La estabilización económica de los países de la península escandinava ocasionó que, cada vez fueran menos, los trabajadores noruegos o finlandeses que se prestaban voluntarios a ser reclutados para trabajar en las fábricas suecas.

La escasez de mano de obra en Suecia se solucionó en los años 60, al permitir la entrada de miles de proletarios procedentes de Yugoslavia, Grecia y Turquía. Ya en 1994 y con la idea político-legislativa del Espacio Económico Europeo (*EEE*) asentada, los obreros pudieron entrar a Suecia y trabajar sin permiso durante un plazo máximo de tres meses. En una primera etapa, este tipo de inmigración legal trajo a Suecia más beneficios que inconvenientes. Era el propio estado quien seleccionaba el tipo de mano de obra, impidiendo así que los demandantes de un trabajo superasen a las ofertas disponibles del mismo. Este frágil equilibrio se vio roto cuando, en 1970, los politicastros permitieron la entrada masiva de extranjeros no blancos a territorio sueco.

La llegada de estos nuevos inmigrantes económicos, procedentes de África y Oriente Medio, se fue incrementando con el paso del tiempo. El promedio anual de extranjeros que recibían se elevó considerablemente, hasta superar las 50.000 personas por año; lo que dio al traste con el eficiente mercado laboral de Suecia. Los trabajos ofertados seguían siendo los mismos, mientras que la mano de obra no cualificada disponible aumentaba a un ritmo vertiginoso. Los años 80 vinieron a confirmar que: *Las políticas de fronteras abiertas habían venido para quedarse.* Suecia logró llegar a tener el dudoso honor de ser: *El primer país europeo en el que la población foránea llegó a superar, por primera vez en la historia, el 10%.* Debéis tener en cuenta que estamos hablando de hace más de treinta años. Por eso, debemos ver las cifras con perspectiva.

Las condiciones laborales y el nivel de vida en Suecia siguieron empeorando en la década de los 90; hasta la fecha se habían perdido por el camino 280.000 empleos. En 1996 los extranjeros copaban las ofertas del mercado laboral sueco, suponiendo casi el 45%. Esto hizo que la tasa de desempleo subiese del 8,1% al 22%, al no haber trabajo para todos debido al exceso de demandantes. No conviene olvidar que estos mismos extranjeros trabajaban en oficios que requerían poca cualificación, como puede ser la hostelería o las industrias extractivas; las cuales son especialmente sensibles a los cambios bruscos que se dan en los ciclos económico-laborales. El mercado de trabajo sueco siguió experimentando una precarización alarmante y, a partir del año 2000, cayó en barrena.

El sector laboral público se ha convertido en un voraz leviatán que, a base de acoger en su seno a todos los parias de la tierra que arriban en sus costas y crear una inmensa y leal casta de funcionarios; malgasta el 70% del PIB. En Suecia, si perteneces a una minoría no tan minoritaria, debes saber que gozarás de la protección "económica" de los sátrapas encargados de legislar. Las diferencias entre los suecos nativos y los inmigrantes, en lo que respecta a salarios y nivel de vida, son cada vez más pequeñas. Y es que, se están igualando a lo bajo. En lugar de haber mejorado las condiciones de vida de los inmigrantes, los políticos han conseguido rebajar y empeorar el nivel de vida de toda la población. Los mini jobs, los horarios laborales incompatibles con la vida familiar o los impuestos abusivos son consecuencia directa de las diversas reformas laborales que se han ido sucediendo, para tratar de parchear el fenómeno migratorio que está minando las arcas de la nación.

La obsesión de los políticos suecos por convertir a su país en la nueva República de Suecistán, se plasma en elefantiásicos proyectos de ley pensados para perjudicar a la minoría nativa. En ellos se marcan o establecen tres tipos de directrices ineludibles, que sirven para impulsar los objetivos kalergianos en la nación:

1. *Discriminación positiva entre inmigrantes y suecos (la cual siempre favorece a los primeros).*
2. *Rechazo a la asimilación cultural (fomentando la perpetuación de la cultura de los invasores).*
3. *Exigir una abusiva solidaridad fiscal a los nativos para costear los vicios y caprichos de las diversas minorías étnicas.*

Los modos de los que se valen la progresía sueca para alcanzar su proyecto de patria multicultural, se resumen con el siguiente aforismo: "*Summum ius summa iniuria*" o "*Sumo derecho, suma injusticia*". Los atajos que toman para lograr su supuesta igualdad entre razas, naciones y culturas son ocultados a ojos del pueblo. Decidme, ¿a quién le gustaría enterarse de que para sus gobernantes no vale nada, solo por ser étnicamente nativo? El color hoy importa más que nunca y, al igual que ocurre en el resto de Europa, las pieles blancas cotizan a la baja. Y es que, nunca la discriminación puede traer nada bueno; por mucho que se le ponga el apellido de "*positiva*". Dar mayores oportunidades a las minorías étnicas es una injusticia, se mire por donde se mire. Fomentar un sistema matriarcal en el que puedan mamar a gusto los recién llegados, es un crimen económico. Que se aplauda la cultura y escritura en lenguas foráneas mientras se ridiculiza el propio acervo, destinando fondos especiales para ello, demuestra hasta qué punto la endofobia se ha instalado en Suecia.

A cualquier ciudadano decente le sonrojaría y escandalizaría escuchar como: *los inmigrantes tienen prioridad sobre los nacionales.* No conviene olvidar que, en muchos colegios del país nórdico, el sueco es la segunda lengua en la que los profesores imparten clases. Lo llaman: *"programa de lengua hogareña"*, cuando en la práctica debería llamarse: *"insulto a la memoria de quienes cayeron forjando la patria"*. Bajo el falso pretexto de querer estimular el aprendizaje de los niños extranjeros, mediante la utilización de su lengua nativa, se busca diluir cualquier reminiscencia sueca en medio de un mar cultural de color. Los centros de enseñanza que impulsan el *"programa de lengua hogareña"* son financiados y patrocinados por la Mamá Estado; la cual penaliza económicamente a los colegios en los que la enseñanza del sueco es mayoritaria y prioritaria.

Suecia es la alumna más aplicada, cuando se trata de llevar a la práctica las enseñanzas del conde Richard Nikolaus Graf von Coudenhove-Kalergi (*Plan Kalergi*). En 1975 se pusieron las bases de lo que vendría a ser la actual política integracionista sueca, al facilitar la posibilidad a los extranjeros de poder influir en la vida política del país. La reforma de 1976 les dio el derecho de voto en las elecciones municipales y provinciales, pudiendo presentarse ellos mismos también a dichos cargos. A partir de entonces y como cabría esperar, en las ciudades en las que los cetrinos invasores son mayoría, siempre salen elegidos los candidatos que gozan de la simpatía de los *"nuevos suecos"*. Como pequeña anotación: *Los ayuntamientos también se benefician al aplicar las políticas de discriminación positiva, recibiendo jugosas y estatales compensaciones por su labor de integración.* La *"Ombudsman"* contra la discriminación étnica (*Ombudsmannen mot etnisk diskriminering, DO*) es la que dirige la vida burocrática en los consistorios suecos. Así se aseguran que los funcionarios sigan, a rajatabla, las órdenes dadas. El siguiente paso de los kalergianos fue el de vincular al Ministerio del

Interior (*Inrikesdepartementet*) a un consejo consultivo permanente, integrado en su totalidad por los representantes de los diversos grupos de inmigrantes. Mediante este vil acto de traición, la vida política del país quedó supeditada a los caprichos y demandas de los extranjeros.

Con el legislativo, ejecutivo y judicial ya en su mano, los defensores del Nuevo Orden lograron aprobar una ley que impedía la cancelación de los permisos de trabajo de los extranjeros durante los períodos de estancamiento económico. Para poder purgar a Suecia de suecos, también se sacaron de la manga: "*el derecho de asilo por miedo a retornar*". Los políticos suecos justificaron su entreguismo a la causa kalergiana basándose en fraudulentos informes, facilitados por el corrupto organismo llamado ONU. Gracias a ello, los seudo refugiados económicos no pueden ser expulsados a sus países de origen si alegan: "*Temer por sus vidas*". Suecia incluso se comprometió a realizar millonarios pagos a la Oficina del Alto Comisionado de las Naciones Unidas para los Refugiados (*ACNUR*), como muestra de lealtad a la causa globalista. Más de 805 millones de coronas suecas, las cuales salen del bolsillo de los contribuyentes, han sido depositadas hasta la fecha sin que nadie justifique en qué se han empleado o se piensan emplear.

Las cuotas de acogida de refugiados que nos quieren imponer a las naciones europeas, aprovechando el conflicto sirio, vienen de lejos. Suecia lleva soportando desde 1997, por cuenta propia, a la marea de pedigüeños que llegan reclamando derechos que no se han ganado. Hasta bien entrada la década de los 90, la mayoría de los solicitantes de asilo procedían de: Irak, Somalia, países del norte de África... A dichos solicitantes se les entregaba de inmediato una vivienda y una paga, además de permitirles el derecho a poder trabajar si así lo querían. El gobierno sueco, además, se comprometió a sufragar los gastos de los inmigrantes que desearan regresar a sus países de origen. No fueron muchos los que reclamaron dicho privilegio, tal y como cabría esperar.

En lo concerniente a la acogida de inmigrantes y refugiados, el Ministerio de Asuntos Exteriores (*Utrikesdepartementet*) es el responsable de la desastrosa aplicación de las políticas gubernamentales. El Parlamento Sueco hace tiempo que decidió que era mucho más progresista y solidario, abandonar la política de defensa de las fronteras nacionales. La Oficina Nacional de Integración (*Intergrationsverket*) tiene como objetivo:

"Abolir la idea de que la integración es un problema de los extranjeros. Son los propios suecos los que deben amoldarse a los usos y costumbres del invasor".

Desde sus oficinas se administran y redirigen a los seudo refugiados e inmigrantes que Suecia recibe todos los años hacia los municipios que todavía son "*poco diversos*". Este organismo y sus filiales también son los encargados de coaccionar e influir en la opinión pública, cuando ocurren sucesos que no dan una buena imagen del paraíso multicultural que están creando.

Por mucho que las autoridades traten de ocultarlo, no pueden negar que con el exceso de migrantes que hay en estos momentos, las tensiones sociales en Suecia seguirán en aumento. El silencioso malestar de los nativos con la masiva llegada de extranjeros, resulta cada vez más ruidoso. Solo entre los años 2012 y 2015, Suecia concedió asilo a casi 200.000 expatriados. Eso supone cerca del 2,5% de la población total; una cifra aterradora, se mire por donde se mire. Las consecuencias de semejantes políticas suicidas, desde un punto de vista demográfico, no se han hecho esperar. La faz de las ciudades del país nórdico se ha vuelto más oscura, menos sueca. Signos árabes en las vitrinas de los comercios especializados en productos halal, conversaciones en las terrazas de los cafés en lenguas ininteligibles, restaurantes orientales por doquier, criminales somalís aterrorizando a la población; sí, esto es Suecia.

Tal transferencia de viles foráneos, ha sido explicada acertadamente por el economista kurdo-iraní Tino Sanandaji:

"De 1.000 a 1.500 solicitantes de asilo al día durante 15 años, equivale a entre 5,5 y 8,2 millones de solicitantes de asilo. Si los individuos de origen extranjero siguen creciendo en número, pronto se convertirán en mayoría".

(Tino Sanandaji- economista)

No nos engañemos. Por desgracia, estos y otros problemas no son privativos de Suecia. Los inmigrantes que se establecen en Europa, véase Molenbeek en Bruselas o los suburbios de París, llevan consigo una maleta cargada de vicios y problemas. Pocos son los que se atreven a hablar claro, sobre lo qué está pasando en Europa. La prensa suele elogiar, de forma obscena, la malsana obsesión sueca por brindar la bienvenida a todos los refugiados e inmigrantes de la tierra. Da igual que las protestas organizadas por los indeseables "*nuevos suecos*" en Rinkeby, emplazamiento que está situado a unos minutos en coche del centro de Estocolmo; arrasaran el distrito durante un día de furia multicultural. La CNN, NBC, la Sexta, TVE y cualquier otro ente televisivo occidental ignoraron las llamadas de auxilio de las víctimas suecas que lo denunciaban. La premisa dada por sus amos kalergianos, es la de: *Seguir loando las virtudes del sistema multicultural sueco, caiga quien caiga por el camino.* Además, algo harían los nativos para enfadar de esa manera a los extranjeros y sus vástagos.

Aquellos que discrepan con el *"papeles para todos"*, sienten terror a ser identificados públicamente; debido al férreo control ejercido por los paladines de lo políticamente correcto. No hay lugar para los disidentes. Los liberales y la progresía sueca son partidarios de esta caza de brujas. La inmigración que recibe el país está fuera de control, pero denunciarlo te puede acarrear la muerte laboral, económica, familiar y social. El problema de los seudo refugiados sirios no ha hecho sino que agravar la persecución que sufren, aquellos que osan cuestionar los dogmas del multiculturalismo.

La hipocresía de los impulsores de la política pro inmigracionista sueca es digna de estudio. Conviene recordar que Suecia ha recibido más refugiados *per cápita* que cualquier otra nación europea y, aun así, siguen exigiendo recibir más. El 2015 fue el punto más alto de la crisis migratoria en Europa. En ese mismo año, Suecia recibió a más de 100.000 solicitantes de asilo. En la práctica, sería como si Estados Unidos dejase entrar a siete millones de refugiados mexicanos de golpe. Manejando estas cifras, queda más que demostrado que la sustitución poblacional de los nativos en Suecia, es solo cuestión de tiempo. Hace décadas que la integración/asimilación de los migrantes que arriban a dicho país, ha sido dejada de lado por las autoridades (*in*)competentes. En grandes ciudades como: Estocolmo, Malmö y Gotemburgo, las *"no go zones"* proliferan a un ritmo alarmante. En estos barrios casi no se ven personas suecas, lo cual es totalmente comprensible. Quién querría vivir rodeado de crimen, fanatismo religioso y racismo anti-blanco. Los que han podido permitírselo, se han mudado al campo o lugares en los que los inmigrantes aún no superan el 30% del censo.

La ingratitud hacia el nativo es algo común entre inmigrantes, refugiados y nacionalizados. Pongamos de ejemplo a los refugiados. La mayoría fueron recibidos en la estación de Malmö por decenas de voluntarios. Les dieron comida, bebida y alojamiento. ¿Y cómo se lo han agradecido? Exigiendo más privilegios, quejándose de que hace frío, desfogándose sexualmente mediante la violación de nativas y lamentándose de que hay demasiadas horas de sol para celebrar el Ramadán. Al menos, algunos de sus deseos sí que les fueron concedidos. En un nuevo acto de servilismo sin parangón en la historia de la humanidad, los ideólogos de género suecos crearon la Kompis Sverige ("*Amigos Suecos*") para tratar de satisfacer las demandas más carnales. Conviene aclarar que la Kompis Sverige es una especie de servicio de citas interracial, en el cual se ofrecen mujeres suecas para que construyan *"amistades"* con los fake refugiados/inmigrantes.

"Vår dröm är att öppna upp Sverige genom,
att skapa möten mellan människor".
(Lema en lengua sueca de Kompis Sverige)

"Nuestro sueño es abrir Suecia,
para lograr el encuentro de personas diferentes".
(Lema traducido al castellano)

No hace falta ser muy perspicaz, para darse cuenta de que estamos ante un caso flagrante de prostitución. El chulo, en este caso el Estado Sueco, ofrece gratuitamente la mercancía (*mujeres blancas y nórdicas*) a su futura clientela política, inmigrantes a los que nacionalizarán tarde o temprano; para que éstos le devuelvan el favor el día de las elecciones. Sí, amigos, es así. En Holanda tienen el Barrio Rojo y en Suecia la Kompis Sverige. El mestizaje sexual o amoroso entre autóctonos y recién llegados es fomentado abiertamente por las instituciones.

Dejando a un lado la Kompis Sverige, tenemos también el Invitations Departementet *(Departamento de Invitaciones)*. Al entrar en su web, se puede leer la descripción de los *"servicios"* que brindan:

Texto original en lengua sueca

"Vi finns för att sammanföra människor som vill bli bättre på svenska med människor som pratar flytande svenska över en hemlagad middag.

Middagen är alltid gratis, hemma hos någon och sker förutsättningslöst. Ingen gör någon en tjänst utan båda får en upplevelse. Vi tror att alla människor är trevliga och matchning sker endast utifrån datum, reseavstånd och kön (matchning sker ej mellan endast manligt och endast kvinnligt sällskap). Vem som helst kan anmäla sig att äta middag. Invitationsdepartementet är ett icke-statligt, ideellt, partipolitiskt och religiöst obundet initiativ och utgörs av de som själva väljer att delta. Vi tror på ett samhälle där vi möts som människor, samtalar och bygger relationer. Ett samhälle där man förekommer utanförskap och främlingsfientlighet genom att vara välkomnande och inkluderande".

Traducción al castellano

"Estamos reuniendo a las personas que quieren mejorar su sueco, con otras personas que dominan el idioma, en una cena casera. La cena es siempre libre. Se acude a la casa de alguien y se actúa sin condiciones

previas. Además de hacer un favor a alguien, ambos disfrutan de una buena experiencia y de lo que surja.

Creemos que todas las personas son agradables. La cita se realiza teniendo en cuenta la fecha, la distancia a recorrer y el sexo de los participantes (no solo se ofrece compañía hombre-mujer). Cualquier persona puede inscribirse para cenar.

Invitations Departementet es una organización no gubernamental, sin fines de lucro, políticos o religiosos. La iniciativa es independiente y funciona con aquellas personas que deciden participar. Creemos en una sociedad en la que quedamos con personas diferentes, hablamos y construimos relaciones. Una sociedad donde no hay exclusión ni xenofobia y que sea acogedora e inclusiva".

Bajo el falso pretexto de vincular a personas que hablan sueco de manera fluida, con los recién llegados que dicen querer mejorar su comunicación; se esconde algo mucho más escabroso. Practicar el idioma o compartir una comida casera es lo de menos. La verdadera forma que tienen estas organizaciones de luchar contra la supuesta exclusión y xenofobia, es mediante el sexo interracial. ¿Por qué iba a quedar una rubia sueca feminista y bisexual, con un desconocido y exótico joven cargado de testosterona que proviene de Oriente? Los amanerados aliados feministas suecos no cumplen con sus expectativas y son demasiado normativos, es decir: *blancos*, para poder presumir de ellos en las asambleas. Acostándose con un sueco, una feminista nunca podrá ser considerada una mujer liberada y moderna.

La palabrería antisistema del *Invitations Departementet* no engaña a nadie. Dicha ONG, o más bien: *"casa de citas"*, es más pro gubernamental de lo que nos quieren hacer creer. Su doctrina hermanadora emana de las leyes antirracistas aprobadas por la ejecutiva sueca. Y es que, no hay nada más pro sistema que un antisistema de izquierdas. El objetivo que les ha marcado mamá estado está claro: *Diluir lo sueco en un mar de color, mediante orgasmos y sexo interracial*. Que mejor manera para lograrlo, que fomentando los encuentros carnales entre las nativas y los miles de refugiados que entran todos los años. En el fondo, se trata de eso: Arrebatar el orgullo y la dignidad a las mujeres suecas, incitándolas a ofrecer sus vientres y entrepiernas por una causa mayor; "*la defensa del multiculturalismo*". En un país tan sumamente lobotomizado, como lo es Suecia, no sorprende que existan demasiadas personas que apoyan este tipo de proyectos. Son estos mismos individuos, los que se niegan a ver los problemas causados por el letal aumento del flujo migratorio. Tampoco les pidáis soluciones. Suelen mirar para otro lado, cuando se les habla de la inacción de su gobierno. Cuando no están consumando carnalmente la traición a la patria, se dedican casi en exclusiva a tildar de nazi o fascista a quien ose llevarles la contraria.

Una pequeña porción de la población, los políticamente despiertos, empiezan a asumir que Suecia nunca más volverá a ser un lugar seguro. La violencia de las pandillas juveniles de origen somalí y las amenazas de seguridad de corte yihadista, hacen que los suecos ya no se sientan tranquilos al caminar por sus calles. En privado suelen reconocer lo aterrador que resulta malvivir allí; aunque en público seguirán loando, falsamente, su fracasada sociedad multicultural. Al ponerse el sol, es hora de regresar a casa; llamémosle: *Toque de queda de supervivencia*. Quedarse al anochecer en la calle, supone exponerse a convertirse en una víctima; sobre todo si se es de raza blanca.

Los inmigrantes y refugiados suelen ser los principales autores de este tipo de ataques selectivos.

- *En 2015 un joven lituano llamado: Arminas Pileckas, fue acuchillado por un sirio al tratar de evitar que siguiese abusando de una compañera de clase.*
- *En enero de 2016 una mujer de nombre: Alexandar Mezher de 22 años de edad, fue violada y asesinada en el centro de asilo de refugiados en el que trabajaba en Mölndal.*
- *En el festival de música de Bravalla (2016) hubo más de 14 violaciones y 40 asaltos sexuales cometidos por solicitantes de asilo.*
- *Un inmigrante de 20 años entró en el patio de una escuela de la ciudad de Kalmar, al oeste de Suecia, y abusó de dos niñas de 13 y 14 años (2015).*
- *Dos refugiados sirios: Khaled Azez Hegrs de 28 años y Tareq Bakkar de 23, secuestraron a una mujer sueca en la ciudad de Helsingbor, para convertirla en su esclava sexual.*

Estos asesinatos representan solo algunas pequeñas gotas de sangre, que han sido extraídas de un sanguinolento tsunami multiétnico; el cual está convirtiendo a Suecia en una de las naciones más inseguras de Europa. Más allá del dolor causado a las víctimas y a sus familiares, quisiera centrarme en el hecho de que el propio gobierno y la prensa del país trataran de silenciar estos casos. Nada puede empañar la imagen buenista que tratan de ofrecernos sobre los refugiados, y si para ello deben faltar a la verdad o impedir que se investiguen cierto tipo de crímenes; tened por seguro, que estarán más que dispuestos a ello.

Aquello que no sale en las noticias, no existe; y esa es la máxima que tratan de aplicar.

Censura, censura y más censura para combatir la libertad de expresión. ¿Y con los parásitos violadores, asesinos y ladrones que han venido de fuera y se han adueñado del estado? Pues con ellos, nada de nada. La prensa y los políticos suecos siempre han estado del lado de los malos. Las víctimas les son indiferentes. Nada puede interponerse en su sueño de lograr una Suecia sin suecos. La decisión kalergiana de cambiar la Suecia homogénea por un país multicultural, salió del propio parlamento y de los lobbys de presión que lo sustentan. Cuarenta años llevan tratando de lobotomizar a la población originaria, para que vean como normal las dramáticas consecuencias de este experimento ideológico.

Que los crímenes de carácter sexual se hayan visto incrementados en un 300%, no parece preocupar a las organizaciones feministas. Tomaré dos años al azar y los compararé entre sí. Los lectores podrán apreciar cómo, qué y cuánto ha cambiado Suecia en los últimos tiempos; sobre todo en lo que respecta a la libertad sexual de la mujer.

- **Suecia de 1975 (población blanca mayoritaria):** *se reportaron a la policía 421 denuncias por asalto sexual.*
- **Suecia progre y multicultural de 2014:** *6.620 reportes.*

Comparando ambas cifras y fechas, observamos un veloz incremento del 1.472%. ¿Esto quiere decir que con el paso de los años y pese al endurecimiento de las leyes sobre la Violencia de Género, los suecos se han vuelto unos psicópatas machistas? ¿Qué ha motivado el aumento de las incidencias y denuncias de índole sexual? Las guardianas del lobby feminista argumentan que: *La culpa la tiene el patriarcado.* ¿Es cierta esta afirmación? Por supuesto que no. Que Suecia ocupe en la actualidad la posición número dos, en la lista de los países con más violaciones del mundo; debería dar que pensar. En Suecia se dan 53,2 violaciones por cada 100.000 habitantes; récord únicamente superado por el pequeño reino de Lesoto, en el sur de África, con 91,6 violaciones por cada 100.000 habitantes.

Nadie parece querer averiguar el origen y las causas de la epidemia de violaciones que se están dando por todo el país. Los políticos suecos, las autoridades públicas y los medios de comunicación tratan de ocultar los hechos por temor a ser etiquetados de racistas. Las suecas se encuentran indefensas ante este tipo de viles crímenes. La ley ha sido modificada de tal manera, que resulta casi imposible conocer el nombre, raza y procedencia de los agresores. La comunidad nativa se encuentra desinformada. La ocultación de los testimonios supone una victoria para las ogras feministas. Gracias al silencio mediático, pueden exponer sus trasnochadas teorías sin que nadie se atreva a contradecirlas. Para ellas los culpables son los afeminados hombres suecos; quienes, no queriendo una mayor igualdad, reaccionan con violencia contra las mujeres.

Las feministas afirman, sin sonrojarse, que:

"El lugar más peligroso para una mujer, es su propia casa".

Debe ser que viven muy alejadas de Malmö, para afirmar tal patraña. En el 58% de los casos, el agresor o los agresores no guardan ninguna relación con la víctima. Las feministas saben quiénes son en verdad, los que comenten la mayoría de las violaciones. Otra cosa es que quieran admitirlo. Es difícil atreverse a hablar de forma clara sobre el tema. Las leyes suecas y europeas, en general, prohíben hacer cualquier tipo de comentario negativo hacia otra raza o religión. Que durante los últimos diez o quince años la población inmigrante haya aumentado, puede ser uno de los factores a tener en cuenta. Pero quién es el valiente que se atreve a exponerlo con rotundidad. Realizar este tipo de observaciones, como las que yo estoy plasmando en este libro, puede llevarte a ser acusado de: "*incitación al odio*" o "*denigración de grupos étnicos*" (*Hets mot folkgrupp*); delitos fuertemente penados en España y Suecia. Multas económicas, despidos o la cárcel son las medidas coercitivas que el estado utiliza para que nadie se atreva a denunciar, la sangrante hipocresía de las asociaciones feministas.

Por más que el establishment sueco y mundial trate de convencernos de que cualquier persona que pise el continente europeo, automáticamente se convierte en uno de los nuestros; la cruda realidad siempre termina desmintiéndolos. Aunque un gato nazca en una pecera, seguirá siendo un gato toda su vida. Los humanos tenemos memoria genética y los usos y costumbres de decenas de generaciones anteriores, no pueden ser arrancados del alma humana por mucho que se quiera.

La inmigración descontrolada que ha inundado Suecia, proveniente de países musulmanes, puede explicar el alarmante aumento del número de crueles violaciones. Esto no es islamofobia, racismo o xenofobia. Simplemente trato de exponer todos los hechos, para que cada cual saque sus propias conclusiones. Debéis tener en cuenta que la mayoría de los inmigrantes proceden de países o culturas en los que la mujer ocupa un escalón inferior al hombre. No tienen el mismo concepto de igualdad y libertad sexual. Las gafas etnocentristas que los occidentales llevan puestas, cuando tratan de explicar el conflicto con los extranjeros;

les impide apreciar que no somos iguales y que tampoco queremos ni debemos serlo.

Ni los periodistas y mucho menos las asociaciones feministas suecas, se atreven criticar la dañina opinión que los inmigrantes musulmanes tienen de las mujeres europeas. Violar y maltratar a una infiel que se niega a cumplir con los modos de vestir islámicos y que, por ejemplo, va en minifalda; es algo totalmente lícito. Para ellos, las mujeres suecas son meras putas y esa mentalidad está profundamente arraigada en su vil psique. Aunque seamos sinceros: ¿Cómo gente llegada desde los confines más remotos del mundo, va a respetarlas; si las propias feministas suecas dicen que prefieren ser violadas, a ser defendidas por un "*nazi*" (*que en lenguaje progre significa: patriota*)?

Para aquellas amebas que todavía os preguntéis, si existen evidencias suficientes que demuestren la correlación existente entre la inmigración islámica y el incremento de las violaciones en Suecia; os animo a leer las conclusiones que el periodista Michael Hess presentó ante el tribunal, que lo juzgaba por delitos de: "*hets mot folkgrupp*". De ellas, se puede sacar en claro: *la sobrerrepresentación de personas de origen extranjero en este tipo de crímenes sexuales.* El gobierno, la prensa del sistema y las asociaciones feministas utilizan todos los medios a su alcance para desvirtuar estas estadísticas. Buscan relativizar el hecho de que el 85% de los condenados a prisión por violación son: *extranjeros de nacimiento o pertenecen a una segunda generación de inmigrantes.* Cuando tienen que dar a conocer al gran público dicha información, lo hacen utilizando eufemismos tales como:

"*Åtta män misstänks för våldtäkt i hytt på Finlandsfärja (Aftonbladet)*".

(Ocho hombres sospechosos de violación en la cabina del ferry a Finlandia).

Tal y como veis, ocultan la procedencia étnica de los agresores bajo el calificativo de: *hombres sospechosos*; para impedir que la masa conozca la realidad que rodea a este tipo de casos deleznables. En ocasiones, incluso se atreven a deformar aún más la noticia al pintar a los autores como: "*hombres suecos*"; cuando, en realidad, de suecos solo tienen el plástico de su documento de identidad. Y es que, la verdad es irrelevante para los fanáticos defensores del multiculturalismo. Tomemos como ejemplo a la diputada feminista y socialista Barbro Sörman, la cual aseguró que:

"No es tan malo que los refugiados musulmanes violen a las mujeres suecas, ya que es algo cultural en ellos".

Si algo así lo hubiese afirmado yo en alguno de mis libros, pueden apostar que ya estaría entre rejas. Lo repugnante es que para ella y el resto de progres que la defendieron, no es algo negativo pensarlo y afirmarlo. La gravedad de las acciones de sus exóticos invitados es lo de menos, en esta era de la posverdad que estamos padeciendo. Permítanme hacer de psicoanalista para tratar de entender qué le puede ocurrir a un ser humano en la cabeza, para llegar a pensar de una manera tan abominable. Lo más probable es que, mientras Barbro Sörman estaba diciendo eso con total desparpajo, seguro que por su mente rondaba la siguiente idea:

"Como en su país todo el mundo lo hace, ¿por qué van cambiar su actitud al llegar a Suecia? Eso sería racista".

Dice el refrán que: *A quien a hierro mata, a hierro muere*; y si no, que se lo pregunten a las activistas suecas. Suecia es la capital europea de la violación y, gracias a ello, la alta tasa de criminalidad también comienza a afectarles a ellas. Los propios refugiados y migrantes a los que daban la bienvenida, hace tan solo unos meses, se han rebelado contra su protección matriarcal y han instalado en su lugar el reino de la Sharia. En las zonas ocupadas no hay lugar para LGTBS, judíos y mujeres empoderadas; los tres principales aliados y valedores de los inmigrantes. De todas formas, es algo natural este desenlace. Ellos no quieren dentro de sus comunidades a los mismos desleales a los que no les importó, ni lo más mínimo, traicionar a su patria al aliarse con el invasor. Al final no han sido los suecos blancos, patriotas y heterosexuales a los que tanto demonizan, los que les han dado a probar de su propia medicina. Justicia poética lo llamaría. ¿No querían multiculturalidad? Pues que tomen dos tazas.

La propia policía también es partícipe de esta grotesca farsa. Su papel consiste en detener a los nativos suecos descontentos, que creen que los refugiados son responsables del aumento de la criminalidad. La represión liberticida que llevan décadas practicando en dicho país, aviva las llamas que arrasan suburbios tipo Rinkeby. Estos mercenarios con placa y pistola deberían darse cuenta de que algo malo ocurre, cuando la población autóctona se ve obligada a encerrarse en sus casas al caer el sol. Y es que, si el flujo migratorio actual prosigue al mismo ritmo o incluso incrementa su velocidad, en menos de veinte años los suecos se convertirán en minoría dentro de su propio país.

Se está produciendo una transferencia de población nunca vista antes, fruto de la ingeniería social de los seguidores del conde Kalergi. La inmigración no solo afecta negativamente a Suecia, desde un punto de vista racial o de libertad sexual. El sistema económico también sufre por el engrosamiento de las bocas parasitarias, a las que se debe alimentar. La economía está prácticamente en una quiebra falsamente disimulada. La sobrecarga impositiva sobre los trabajadores, está hundiendo el comercio interior. Sorprende que dicho país fuera considerado, hasta la década de los 90, como: *Uno de los más seguros y ricos del mundo*. En cambio, en pleno 2017, está en riesgo de convertirse en un país fallido. Suecia se encuentra al borde del abismo, el colapso total es inminente. Cada vez son más las ciudades que no pueden dar cabida, y mucho menos mantener, a los miles de inmigrantes que no dejan de llegar. Ni siquiera son capaces ya de garantizar unos servicios *"mínimos"* de calidad, para los propios ciudadanos suecos. El estado sueco no vela por los intereses de los trabajadores nativos. Los políticos ya no saben cómo ocultar a sus votantes la verdad. La política de fronteras abiertas está llevando a Suecia, hacia la mayor crisis humanitaria de su historia. Dos más dos son cuatro, por mucho que los ideólogos de la ingeniaría social digan que son cinco. Cuando los gastos superan la cifra de ingresos, las naciones terminan por endeudarse. El alojamiento que se le da a los recién llegados cuesta dinero. Las tiendas de campaña de los campos de refugiados, salen de los impuestos de los suecos. La comida, la ropa y las clases de idioma también son otras cuotas que se añaden a la lista. El historiador danés Lars Hedegaard describió, sin pelos en la lengua, lo que está sucediendo en el país vecino:

"Si se puede aprender alguna lección de la historia, es que lo que no piensas que pasará, pasa. Una y otra vez. La consecuencia última de la política de inmigración de Occidente, y sobre todo de Suecia, es que la economía quebrará porque: ¿quién va a pagar todo eso? Y las quiebras económicas, una vez que se producen, lo hacen con mucha rapidez".

La solidaridad sale muy cara y más cuando no se cuenta con los fondos suficientes para hacer frente a tal derroche. El gobierno sueco está aprendiendo la lección por las malas. De ahí que se haya visto obligado a exigir *"solidaridad"* a las demás naciones europeas, para poder seguir pagando sus delirios mesiánico-multiculturalistas. La gran mayoría de los países han hecho oídos sordos a sus reclamos y los que han aflojado la cartera han entregado una cantidad insuficiente, según el criterio sueco. La *Asociación Sueca de Autoridades Locales y Regiones* (*SKL, en siglas suecas*) ha obligado a los municipios a incrementar la tasa de impuestos un 2% a los nativos, mientras la limosna exterior no llega. Conviene recordar que la media municipal de la tasa de impuestos, es ya de un 32%. El pago de impuestos federales que se les exige a ciertos suecos, ha conformado un infierno fiscal del que todos quieren escapar. Haciendo números, para que los lectores puedan visualizar lo que estoy diciendo:

"Un aumento del 2% en la tasa de impuestos, supone llegar a la escalofriante cifra de 15.000 coronas (1.825 dólares) al año; a pagar por cada hogar de clase media".

Como el plan para *"des-suequizar"* la nación no debe ser detenido de ningún modo, el ex primer ministro Fredrik Reinfeldt (*sucesor de José Luis Rodríguez Zapatero en el Congreso Europeo*) llegó a un acuerdo con el Partido Verde (*Miljöpartiet*) para seguir aumentando el ritmo migratorio. Los politicastros suecos han visto como los votantes nativos comienzan a inclinarse por las teorías del Partido Demócratas de Suecia (*Sverigedemokraterna*) y eso rompe sus débiles esquemas. Necesitan más suecos oscuros para que estos les sigan votando, ya que los suecos blancos se han cansado de que los tomen por tontos. Este acuerdo entre el líder del Partido Moderado y los comunistas/eco ayudó a mantener abiertas las compuertas. Gracias a ello y como he comentado al principio de este capítulo, entre 2012 y 2015 más de 200.000 inmigrantes entraron en su territorio. Además, también habría que contabilizar la desconocida cifra de extranjeros ilegales.

Aquellos suecos que solamente se informan por los grandes medios de comunicación de su país, ya sea por pereza o simplemente fanatismo ideológico, tendrán la impresión de que en Suecia no existe problema alguno con la inmigración. La llegada de los *"refugiados"* de Siria viene a confirmarlo. No hay peor ciego, que quien no quiere ver. Su sinrazón les impide comprender que, en realidad, la gran mayoría de las personas que llegan no huyen de una guerra. Son invasores que solicitan asilo en Suecia, al ser conocedores de la laxitud de sus controles.

Uno de los municipios preferidos por los inmigrantes recién llegados es Trelleborg (*43.000 habitantes*), en la costa de Escania, debido a su cercanía a Malmö. En un día normal, pueden llegar doscientos menores sin acompañante; arreados desde Alemania en ferry. Como simple dato anecdótico conviene contar que las gentes de Trelleborg, lideradas por su alcalde, decidieron escribir una carta rogando ayuda al gobierno; tal y como había hecho el municipio de Örkelljunga. Basta con leerla para percibir que el paraíso multicultural nórdico no es tan idílico, como nos han querido hacer ver hasta la fecha. La convivencia entre diferentes razas o culturas resulta imposible cuando los recién llegados se niegan a convivir, con los que ya estaban antes. Lo único que lograron, fue que el Servicio de Inmigración declarara a Trelleborg: *"Municipio exento de albergar niños sin acompañante"*; aunque no de cetrinos adultos.

El mismo Servicio de Inmigración, el cual es el encargado de revisar las solicitudes de asilo; se encuentra saturado de trabajo. Es imposible que dicho organismo solucione los problemas que los municipios suecos tienen con los refugiados, cuando son incapaces de aliviar la presión en su propio entorno laboral. Los responsables de tomar este tipo de decisiones, han traicionado la confianza depositada en ellos por los electores nativos. Muchos no han querido o no han sabido manejar la situación adecuadamente. Para la enfermedad multiculturalista que padece Suecia, no existe una cura milagrosa. Las corolarias políticas y sociales derivadas del problema de la inmigración, no han hecho más que comenzar a aparecer. El no tener ni la más remota idea de quiénes son los que están llegando a Suecia, ha traído el salvajismo y la barbarie a sus calles. Los altos cargos del Servicio de Inmigración no conocen, ni siquiera, el nombre de las organizaciones terroristas, de corte islámico, en las que militan los simpáticos refugiados a los que han concedido la visa tan alegremente.

La omisión del deber de proteger las fronteras suecas, viene motivada por dos motivos fundamentales: *principios ideológicos*, ya que si militan en el bando izquierdista nunca realizarían un informe al departamento de seguridad del Servicio de Inmigración, que pudiese turbar la imagen buenista que tratan de transmitir sobre los migrantes; o bien existe otro grupo, que es el de los que *callan la información por miedo*. Hay que tener en cuenta que los servidores o en este caso, los vividores de lo público, buscan a toda costa conservar su empleo. Los criterios de la administración sueca para renovar o cancelar contratos son siempre de tipo ideológico. Si un funcionario envía un informe con sospechas sobre un refugiado, lo normal es que no se investigue al acusado; pero sí al acusador.

La expulsión o la retirada de la nacionalidad nunca son una opción. De ser demasiado flagrante el caso como para ignorarlo, cuando el migrante adquiere notoriedad pública debido a sus crímenes; el Servicio de Inmigración argumentará que la vida y el bienestar del terrorista corren peligro en su país de origen y que, por lo tanto, debe quedarse. Ver para creer. Ser un peligro público, les ayuda a pasar de un permiso temporal de residencia a uno permanente. Mencionar que, en el pasado año 2016, se les concedió el permiso de residencia a ciento cincuenta y dos solicitantes de asilo declarados peligrosos por el propio Servicio de Seguridad.

En Suecia hablar de la inmigración es tabú. Nadie se atreve a preguntar su opinión al respecto; incluso, a los amigos. Cuestionar los dogmas multiculturalistas acarrea que te etiqueten de: *"votante de extrema derecha"*. Los suecos que no se callaron en el pasado, en la actualidad, viven perseguidos por los defensores de lo políticamente correcto. Comentar de manera informal, en una cena, que el robusto sistema de acogida e integración sueco es cada vez menos robusto y que, además, éste se ve obligado a realizar malabarismos para que cuadren los números; es motivo de excomunión. Las restricciones a la libertad de expresión suelen ser recibidas con alivio por una masa idiotizada, que se ruboriza y escandaliza ante el menor atisbo de crítica al sistema. El desafío de los pocos patriotas que todavía resisten, es mayúsculo. Los tabúes rigen la forma de pensar de una sociedad mentalmente castrada, en la que persiste la idea de que, si dices que los inmigrantes hacen algo malo, es que eres un malvado nazi.

La llegada masiva de extranjeros ha puesto a prueba la paciencia de los suecos. Suecia es el segundo país que más solicitantes de asilo per cápita ha recibido. Solo Alemania lo supera a la hora de acoger a todos los tchandalas del Tercer Mundo. El conceder un permiso permanente a todo aquel que se diga refugiado, sin importar de dónde provenga, ha propiciado que el alquiler de viviendas para asilados sea un negocio boyante. De la desgracia migratoria, tanto para los nacionales como para los propios extranjeros, hay quienes buscan sacar tajada.

Cada año se duplican el número de personas a las que realojar. Su constante llegada genera retos económicos imposibles de solucionar. Entre los años 2014 y 2015, el estado sueco tuvo que aumentar en 2.000 millones de euros su presupuesto para destinarlo, en exclusiva, a la ayuda en cooperación para la acogida. El precio del alojamiento ofertado se ha visto incrementado exponencialmente, debido al aumento de la demanda por parte de los inmigrantes y de las propias autoridades; las cuales alquilan edificios enteros para realojar a los refugiados. El impulsar y fomentar un sistema que se apropia de las ofertas localizadas en los municipios destinados al realojo, causa un grave desequilibrio; el cual impide el acceso a la vivienda, de los suecos nativos que habitan en aquellas zonas.

Pese a ello, el Eurobarómetro indica que los suecos siguen teniendo o mostrando una actitud positiva hacia los extranjeros. Aunque debo hacer una pequeña matización al respecto. No es menos cierto que el fenómeno migratorio, se ha convertido en el tercer problema que más preocupa a los ciudadanos. Entonces: ¿qué es lo que debemos creer? Podéis fiaros de las traicioneras encuestas precocinadas del gobierno sueco, de sus aliados mediáticos, de las asociaciones feministas y los lobbys pro-refugiados. En cambio, yo os recomendaría que oyeseis a la gente normal y corriente. Son esas personas que no pueden alquilar una casa, tener un trabajo digno y salir a la calle sin temor a ser agredidas por los extranjeros; las que mejor conocen, lo que allí se está cociendo. Cuando se toca la cuestión de si acoger a más gente o reforzar las fronteras; las disensiones que surgen entre los cristiano-demócratas y liberales, no son más que puro teatro. Por más que digan: *Querer rebajar la ayuda económica que reciben los solicitantes de asilo*; en el fondo, saben y sabemos que nunca se atreverían a aplicarlo. La vacía perorata de los conservadores trata de evitar, que el partido patriota *Demócratas Suecos* despunte en las encuestas. Al imitar su discurso, confunden a los electores; a sabiendas de que nunca podrán darles lo prometido. No deja de ser curioso que, mientras los conservadores calcan el ideario de los identitarios; a la vez, le digan a la población nativa que: *Deben abrir su corazón a los miles de refugiados que vendrán*. Que les pregunten a los pocos suecos blancos que todavía resisten en los barrios mestizos de Malmö, escenario de constantes enfrentamientos entre inmigrantes y la policía; si todavía quieren seguir abriendo sus corazones y fronteras al extranjero. La dificultad de integrar a una población que no quiere ser integrada y que se aprovecha del buenismo progre multicultural, impide cualquier tipo de proyecto asimilador.

Los guetos multiétnicos proliferan imparablemente por todo el país. En sus calles, los inmigrantes de países tan diferentes como Afganistán, Palestina o Somalia imponen la ley del más fuerte. ¿De qué viven estos parásitos? Primero, de lo que roban y después de las famosas ayudas sociales escandinavas. ¿Quién va a querer trabajar, si Mamá Estado te lo paga todo? Incluso, a los grupos de jóvenes extranjeros que salen con el rostro cubierto a quemar colegios, kioscos, papeleras y coches; el gobierno les sigue pagando los estudios, ropa y demás gastos. Tienen carta blanca para actuar como chupópteros; ya que la mayoría se escuda en que son refugiados políticos, para que así no les puedan hacer nada.

Ha llegado el momento de comenzar a admitir la cruda realidad, sin ambages ni ataduras de ningún tipo. Cientos de miles de hombres en edad militar y perfectamente sanos han invadido un país apacible; repleto de feministas histriónicas y hombres mentalmente castrados. La mayoría de estas personas no han venido a Suecia para buscar una vida mejor. El mero hecho de pensarlo, es engañarse. La necesidad no les ha empujado a recorrer miles de kilómetros. En realidad, la fuerza que los impulsa a seguir acudiendo al norte es la de la llamada de la: *Yihad callejera.*

¿Cuál es la solución que podría dar una persona normal, con dos dedos de frente, para tratar de revertir o evitar que la esquizofrenia multicultural de Suecia acabe por hacer implosionar a la nación? La primera y más obvia de todas, sería la de: *Bloquear la inmigración*; legal e ilegal. Las estadísticas oficiales tratan de ocultar que los bebés nacidos de padres étnicamente suecos son una minoría, si los comparamos con aquellos que nacen en hogares cuyos progenitores son extranjeros. Podría continuarse metiendo la tijera en la administración pública. Los suecos no están obligados a tener contratados con sus impuestos a miles de trabajadores, solo por el hecho de que hablan árabe.

Todo inmigrante que quiera vivir dentro de sus fronteras, deberá adaptarse a la lengua y modo de vida nórdico. Aquellos que prefieran seguir utilizando su lengua, pueden regresar a sus países de origen. Es más, el estado debería comenzar a comprar billetes "*solo de ida*", para todos esos inmigrantes que creen que pueden convertir a la nación en: *Suecistán*. Y qué decir del aumento de la criminalidad. Su ligazón con el incremento del flujo migratorio es innegable: *El 90% de los delitos los cometen extranjeros y, en el 90% de los casos, las víctimas suelen ser étnicamente suecas.* Condenas más duras y expulsiones de por vida, ayudarían a que muchas ciudades suecas dejaran de parecerse a Mogadiscio.

La gente decente tiene miedo y eso ha de cambiar. De nada sirve dialogar con aquellos que no se sienten suecos y que tampoco quieren serlo. La nacionalidad la debe dar la sangre y no un mero e insignificante papel. Por mucho que la Mass Media invierta en cambiar esta idea, el *ius sanguinis* sigue siendo tan válido hoy como hace cientos de años. Personalmente, creo que Suecia está al borde de convertirse en un estado fallido. Que tenga razón o no, dependerá de cómo obren los patriotas escandinavos. El tiempo corre en su contra.

ALEMANIA

¿Son los países, como ente difuso, culpables de las decisiones que toman quienes los dirigen? ¿Puede una nación entera ser señalada y estigmatizada, por los siglos de los siglos, debido a las políticas llevadas a cabo por sus malos gobernantes? ¿Existe la culpabilidad colectiva o deberíamos ir señalando, uno por uno, a los culpables? En definitiva: ¿es Alemania la causante de los problemas migratorios que asolan Europa? Este debate existe desde hace varios años e incluso décadas. Podemos señalar su origen en los "*Juicios de Núremberg*". Para algunos, los más ignorantes, el proceso de Núremberg fue la prueba viviente de que el bien siempre triunfa sobre el mal. Para otros, en cambio, representaron la mayor farsa legal jamás escenificada. Lo que sí se puede afirmar sobre los Juicios de Núremberg, es que:

"En ellos se utilizó la responsabilidad colectiva, para culpabilizar de la Segunda Guerra Mundial a toda la población del bando perdedor".

El historiador británico Richard Harwood lo definió de este modo:

"Estos procesos (Juicios de Núremberg) constituyeron la más grande y vergonzosa comedia jurídica de la historia".

¿Qué se dirimió en ellos? Más allá del sinfín de inconsistencias e incongruencias argumentales fundamentadas en testimonios capciosos, en el Proceso de Núremberg los Aliados hicieron todo lo posible para que su revanchismo político-económico pareciera "*imparcial*" y "*justo*"; a ojos de la maleable opinión pública de la época. Las guerras salen muy caras y uno no entra en ellas para no obtener nada a cambio. En una batalla de caballeros se asume la victoria o la derrota (*dependiendo de si se tiene la suerte de cara o en contra*), y se suele tratar al perdedor con respeto. Actuar conforme a la ética militar no es síntoma de debilidad, sino que demuestra altura de miras y honor.

Los alemanes del III Reich aprendieron por las malas que los Aliados no tenían en mente el *Jus post Bellum,* cuando decidieron abrir una causa general en contra de toda una nación. El *Jus ad Bellum* ideológico y económico que había sustentado todo el conflicto (*Capitalismo Comunismo Vs Fascismo Nacional-Socialismo*), se avivó cuando las bombas dejaron de caer sobre la arrasada Germania. Nunca dejó de ser una guerra de extermino, en la que el vencedor no iba a tener piedad con el enemigo caído.

En todas las guerras muere y se mata a gente, pero en ésta fue diferente. Quizás uno podría evocar el genocidio cometido contra los indios en América del Norte, el exterminio masivo de los celtas/galos a manos de Julio Cesar durante la invasión de las Galias, el asesinato planificado de los armenios que vivían en Turquía o las ejecuciones llevadas a cabo por los comunistas en Ucrania, Polonia o la misma Rusia; para tratar de comprender la psicopatía mostrada por los viles líderes Aliados, que acaudillaron a sus respectivas naciones durante la Segunda Guerra Mundial. Una vez se sentaron a dirimir el incierto futuro de los vencidos (*Conferencia de Yalta*), no hubo piedad y mucho menos justicia o legalidad tras la capitulación Nacional Socialista.

Alemania estaba en ruinas. El supuesto Reich que iba a durar mil años, se había rendido incondicionalmente. La población huía en masa del territorio de Memel (*Prusia Oriental-Lituania*) y de las demás zonas ocupadas por los soviéticos. Se escondían entre los escombros, cada vez que veían aparecer en el aire la mortífera silueta de los Lavochkin La-7. De no hacerlo, eran ametrallados por los pilotos rusos. Dresden había sido arrasado hasta los cimientos. Decenas de miles de alemanes habían perecido entre sus llamas. Cientos de miles de bidones de gasolina y bombas incendiarias fueron lanzados por la RAF británica y la USAFF (*Fuerzas Aéreas de los Estados Unidos de América*), para evitar que nadie saliese con vida de dicha ciudad. Millones de soldados alemanes fueron obligados a marchar forzosamente hacia el este, destino: *Los fríos y mortales gulags de Siberia*. Se obligó a millones de alemanes del este, que llevaban siglos viviendo en el Volga, Cárpatos o el Báltico; a emprender el letal exilio hacia Occidente. Tres millones de mujeres alemanas fueron violadas por las tropas de ocupación Aliadas. Un millón de alemanes murió de hambre en la zona del Reich que había quedado bajo administración francesa, useña y británica. Extrañamente, ninguna de estas atrocidades se mencionó en Núremberg.

Haciendo leña del árbol caído, los impartidores de la justicia Aliada incluso acusaron a los dirigentes del Reich de los crímenes que habían cometido los soviéticos (*Matanza del Bosque de Katyn*). Cualquiera podía presentarse como acusación, sin prueba alguna, y exigir una compensación económica o de sangre por los supuestos males que le habían sido causados por la administración Nacional Socialista. Rencillas personales, sadismo, ansias de notoriedad, racismo y criterios ideológicos llevaron a la muerte a miles de alemanes inocentes. ¿Por qué? Su único delito fue el de coger las armas y acudir al frente para luchar por la tierra que los vio nacer. Y es que la justicia nunca es justa, cuando lo que se busca es el revanchismo.

¿Qué trato de decir con tan larga introducción? ¿Quizás pretendo demonizar a los buenos y victimizar a los malos de la historia? Nada más lejos de la realidad. Lo que quiero demostrar es que el concepto de *culpa colectiva* o el querer buscar un chivo expiatorio, al que poder culpar de todos nuestros males (*la Alemania de Merkel*); nunca puede traer nada bueno. No todos los alemanes apoyan las políticas pro refugiados de Merkel; al igual que no todos los españoles estamos de acuerdo, con el austericidio llevado a cabo por la ejecutiva del Partido Popular de Rajoy. Los hechos han de ser examinados en su conjunto y también por separado, para dilucidar quiénes son los culpables "*de qué y por qué*".

Viendo la trayectoria germana con perspectiva, podemos afirmar que los grandes movimientos migratorios han sido parte de la historia del pueblo alemán. Ya fuesen provocados por guerras, hambrunas o la colonización de nuevos territorios, centenares de miles de germanos abandonaron su lugar de origen y se expandieron por el mundo. No solo tras la Segunda Guerra Mundial, los civiles alemanes tuvieron que dejar sus hogares. Durante la Guerra de los Treinta Años, miles de ellos huyeron al paso de los ejércitos de mercenarios que devastaban la zona. No fue hasta la Paz de Westfalia, que pudieron regresar a sus tierras. Es bueno echar la vista atrás para darse cuenta, de que la historia tiende a ser cíclica. Es obvio que no podemos comparar la magnitud de los fenómenos migratorios, como si fuesen un todo; ya que cada uno tiene su propia idiosincrasia. Lo que sí se puede cotejar, son las consecuencias que dejan en los países lanzadera y de acogida.

Tomemos como ejemplo la fecha de 1700. En ese mismo año, cerca de 35.000 hugonotes llegaron a Alemania para instalarse en las regiones protestantes. Huían de la represión religiosa del rey francés Luis XIV. ¿Qué consecuencias tuvo la asimilación de estas personas en la sociedad alemana? Construyeron la catedral francesa del Mercado de los Gendarmes *(Gendarmenmarkt)* en Berlín. Además, revitalizaron económica a la nación. En resumen, la presencia de hugonotes en una Alemania devastada por la Guerra de los Treinta Años fue positiva. Ahora examinemos los aportes económicos, sociales y culturales de los refugiados en la Alemania moderna: agresiones sexuales en Colonia, atentados en Baviera y Múnich, inseguridad en las calles... Y es que, no todos los tipos de inmigrantes son buenos ni deseables.

A la canciller Merkel, la actual ama y señora de la decrépita y cobarde Europa, parece no importarle el hecho de que las personas que está dejando entrar en Alemania; se limitan a consumir y a parasitar los recursos, en lugar de aportar algo útil a la sociedad que los ha acogido. Ella, y no el pueblo germano, es la principal culpable de la agudización de la *"crisis migratoria"* que sufrimos todos. Sus grandilocuentes gestos de apoyo a la causa kalergiana y la ingente cantidad de euros que dedica a la acogida de refugiados, han originado un efecto llamada muy difícil de frenar; tal y como le está sucediendo a Suecia.

La canciller Merkel suele amenazar a los gobiernos que se niegan a facilitar el tránsito de los refugiados. El Bundestag alemán se cree, al igual que el gobierno francés y el sueco, el guardián de los valores progresistas de la Paneuropa Kalergiana. La solidaridad internacional y los derechos humanos de todos los parias de la tierra, han de prevalecer por encima del derecho a vivir en libertad y seguridad de los propios europeos. Merkel es el contrapunto político de los subversivos países del este de Europa, los cuales refuerzan sus leyes migratorias y han aumentado el control fronterizo. ¿Y qué castigo les han impuesto desde

Berlín, por querer ser independientes? El cierre del grifo de las ayudas dadas por la Unión Europea a los estados en vías de desarrollo.

El discurso seudo buenista del partido en el poder en Alemania (*CDU*), se resume en la siguiente frase:

> *"No queremos fronteras que impidan a los seres humanos,*
> *alcanzar una vida mejor".*

Es hipócrita y cínico defender el "*Refugiados Welcome*" mientras se es el usurero de Europa. La CDU parece olvidar que, a consecuencia de su imperialismo político, se está hundiendo en la pobreza a los países del Mediterráneo (*Grecia, Portugal, España e Italia*). A la casta política alemana parece no importarle la miseria de sus hermanos europeos del sur. Únicamente se desviven por los supuestos refugiados.

La canciller Ángela Merkel ha declarado en multitud de ocasiones ante los medios, que su prioridad es:

> *"Que Alemania acoja a cientos de miles de refugiados más,*
> *para purgar la deuda moral que tienen con el mundo".*

¿Y cómo piensa llevarlo a la práctica "*froilan*" Merkel? ¿Acaso cuenta con ingentes fondos disponibles para ello? Nada de eso. Necesitan más de seis mil millones de euros extra para financiar su plan. Para lograrlos tienen en mente aumentar la carga impositiva sobre los ciudadanos nativos, para así poder subsidiar a los que aún están por venir. Los Länder (*Estados Federados*) y los municipios van a ser los encargados de hacer cuadrar los números; cosa muy difícil, ya que el flujo migratorio es cada vez mayor. Tampoco conviene olvidar que tienen pensado contratar a dos mil nuevos funcionarios, para que trabajen en la Oficina Federal de Migración y Refugiados. ¿Qué significa esto? Más dinero para el aparato del estado; gracias a lo cual, podrán acoger mucho más rápido y tramitar los expedientes con mayor efectividad.

En la progresista Alemania los refugiados tienen una *"obligación de residencia"* (*Residenzpflicht*) por un plazo de seis meses; lo cual les garantiza que no pueden ser expulsados de las comunas, municipios o Länders en los que se registraron. Los Länders de Baviera y Sajonia-Anhalt son los que más trabajo tienen y, por tanto, los que más recursos públicos consumen. En ellos se da una especie de estipendio o paga de 140 euros a los refugiados; quienes se encuentran en espera de ver, si su solicitud de asilo es aceptada. Para este 2017, el gobierno planea la construcción de nuevos centros de refugiados por todo el país; con una capacidad de hospedaje de más de 160.000 individuos.

Esta crisis humanitaria no se va a solucionar abriendo las fronteras, de par en par, y facilitando el derecho de asilo; aunque algunos prefieren no darse cuenta de ello. Alemania es la más firme defensora del reparto obligatorio de los inmigrantes. Mediante el chantaje económico Merkel obliga a las demás naciones a la apertura de sus fronteras, para que los seudo refugiados pasen sin ningún tipo de traba. La mentalidad político-económica kalergiana es la impulsora del tránsito de los refugiados desde Turquía, Grecia y los Balcanes hasta su destino favorito: *centro y norte de Europa*. La *"seudosolidaridad alemana"* terminará matando a Europa, aunque eso Merkel ya lo sabe. Las organizaciones de izquierda son las principales valedoras, en los medios y en la calle, de la política multiculturalista de un gobierno que dice ser de *"derechas"*. El *Deutsche Bundesregierung* ha pactado un plan de emergencia con las izquierdas, para contener al máximo las deportaciones. Acelerar la aceptación de las demandas de asilo y la repartición de los refugiados en bloques de edificios por todo el país; son otras dos de las medidas acordadas con sus "*rivales*" políticos. El fin inmediato de las deportaciones también afecta a los extranjeros, que hayan cometido algún tipo de crimen.

En la Alemania de Merkel los derechos de los nativos, como el derecho a la vida, están muy por debajo de los privilegios de los recién llegados. Y es que la concesión de privilegios sociales, económicos y políticos a los extranjeros es una realidad palpable. La masiva construcción de vivienda social "*solo para inmigrantes*" con dinero público, el apoyo económico a los refugiados, los cursos de alemán gratis, la escolaridad en colegios y universidades gratuita para los hijos de los foráneos o la obligación de buscarles un trabajo; dan buena cuenta de las prioridades de la CDU, y los intereses de los nativos no están entre ellas.

El Plan Kalergi en Alemania vale tanto para las izquierdas como para las derechas, ya que ambos grupos comparten el mismo discurso. La letal endofobia no caracteriza a un espectro político determinado. En democracia todos los partidos tienden a verse afectados por este mal endémico.

"Damas y caballeros, los animo a participar en la manifestación: Se vive mejor sin nazis, la diversidad es nuestro futuro. El 6 de Junio a las 10:00 en Neuruppin, tenemos que hacer frente a los nazis. Ya de por sí, lo ocurrido entre 1935-1945 nos obliga a tratar bien a los refugiados. También debemos salvarles la vida en el Mediterráneo y debe existir una vía legal para que soliciten asilo en Europa. También países como Polonia, que es muy católica, deben estar preparados para acoger a los refugiados. Y, por cierto, al año mueren más alemanes de los que nacen. Esto ocurre porque los nazis no son especialmente buenos a la

hora de tener descendencia. Por eso, dependemos de los inmigrantes
de países extranjeros. Nos vemos el 6 de Junio, adiós".
(Gregor Gysi, portavoz del Die Linke. Manifestación: "Se vive mejor sin
nazis, la diversidad es nuestro futuro". 2015)

Al establishment alemán parece no importarle que el 70% de los turcos
y el 90% de los inmigrantes no blancos que residen dentro de sus
fronteras, no se ocupen ni se interesen por garantizar la educación de
sus hijos. En Alemania más de la mitad de los turcos *"nacionalizados"*
dicen: *"No sentirse parte de la sociedad que les brindó acogida".* Desde
la perspectiva germana, un 51% de los alemanes opina que: *"Los turcos
no quieren y tampoco les interesa integrarse".* Abrir en Alemania este
debate, pese a que está a flor de piel en la sociedad, puede llevarte a la
cárcel. Al igual que ocurre en la República Islámica de Suecistán, los
germanos no tienen derecho a opinar sobre la política de integración
llevada a cabo por su gobierno. El ambiente represivo que impera en los
antiguos territorios del Reich, establece un marco legal muy limitado para
que así el pueblo no pueda exponer, libremente, los diferentes aspectos
negativos de la integración de los extranjeros.

Conviene repasar, brevemente, la historia contemporánea de dicho país,
para saber cuándo comenzó el *affaire* amoroso entre los políticos
germanos y los extranjeros. La llegada de gentes procedentes de los
antiguos territorios de su aliado de la Triple Entente (*Imperio Otomano*),
comenzó tras el final de la contienda. Estas migraciones se vieron
incrementadas después de la Segunda Guerra Mundial, ya que ambos
estados firmaron un tratado para facilitar el reclutamiento de los
trabajadores. Turquía cedió gustosa su excedente de mano de obra poco
cualificada y sin perspectivas de futuro. La destrozada Alemania

necesitaba reconstruir sus infraestructuras y como gran parte de su población había sido diezmada por las bombas, o languidecían encerrados en los gulags soviéticos; vio la gallina de los huevos de oro en los obreros turcos.

Los ideólogos y arquitectos kalergianos que dieron forma a la Alemania pos-Reich, siempre aspiraron a crear un país de inmigrantes. No hubo políticas de integración o asimilación para los trabajadores extranjeros. Que abrazaran o no el estilo de vida germano era lo de menos. Los dirigentes del Nuevo Orden Mundial no podían permitirse que Alemania volviera a resurgir, como lo hizo durante el III Reich. Aprovechándose de que la administración useña velaba para que el espíritu nacionalista nunca más resurgiera, implantaron entre la población superviviente la idea de que: *"El mundo sin ellos era mucho mejor y más seguro"*. Gracias al concepto de *culpabilidad colectiva* y a la caza de *"nazis"*, acallaron las voces nativas que exigían que: *Alemania la gobernasen los alemanes*. Valiéndose del manido *"Reductio ad Hitlerum"* lograron que el rebaño balara, al unísono, la democrática y multicultural melodía marcada por los doctores Frankestein de la escuela Kalergiana.

¿En qué consiste el *"Reductio ad Hitlerum"* para ser tan eficaz? La efectividad de esta falacia del tipo *"ad hominem"*, reside en la combinación de la típica falacia de asociación y un mero argumento *"ad nauseam"*; al dar por sentado, que no es necesario mayor explicación tras haberlo soltado. El estigma político y social que supone que te asocien con el cruel Nacional Socialismo, basta para acongojar a los corazones más valerosos y nobles. Y es que, nadie quiere ser acusado de la muerte de seis millones de personas.

Los propagadores del ideal kalergiano de la Paneuropa plantearon a los alemanes supervivientes la siguiente disyuntiva:

"Adolf Hitler defendía una nación fuerte y autosuficiente. Durante su mandato los valores culturales germanos fueron llevados a su máximo esplendor. Por lo tanto, si apoyáis alguna de estas ideas: nacionalismo y la defensa de la germanidad; es que sois nazis".

Tan infalible resultó que, a día de hoy, pocos alemanes se atreven a hablar de lo que ocurría en su país antes de la Segunda Guerra Mundial. Ni siquiera tienen el valor suficiente para denunciar, públicamente, el genocidio que sufrió su pueblo a manos de los soviéticos y también de los Aliados americanos, franceses y británicos. La *"desnazificación"* de Alemania resultó todo un éxito para los dirigentes del Nuevo Orden Mundial. Consiguieron arrancar, de cuajo, el sentir germano del alma del pueblo. Por primera vez en la historia de la humanidad, estos ingenieros sociales y raciales lograron moldear a toda una nación acorde a los cánones establecidos en el Plan Kalergi:

"No más identidad propia.
Sí a la mentalidad de los hombres hormiga".

Tras haber descastado a una etnia y aprovechando la reunificación de las dos Alemanias, los defensores de las tesis kalergianas trataron de ir un paso más allá. El segundo punto de su plan consistía en: *La creación de un país de forasteros*; es decir: *Sustituir a la población original por elementos foráneos, que nada tienen que ver con ella.* La suerte les vino de cara a los defensores de la anti-Europa, ya que cosecharon multitud de éxitos al aspecto. Los cancilleres Helmut Kohl, Gerhard Schröder y Angela Merkel fueron una pieza clave en tal conspiración. Sin su apoyo, los enemigos de Alemania nunca hubiesen podido llevar a cabo esta transformación étnica, social y religiosa.

En la actualidad, Alemania cuenta con aproximadamente 8 millones de extranjeros (*9%*); a los que hay que sumarles otros tantos millones de individuos con "*raíces no germanas*". Los perniciosos efectos de esta sustitución poblacional no se han hecho esperar y pueden apreciarse en los más diversos campos; ya sea en el plano: laboral, educativo, seguridad ciudadana... Por ejemplo, el nivel educativo de los escolares en dicha nación (*2016*) es el más bajo de toda su historia. Ya sean estudiantes nativos, nacionalizados o extranjeros; la verdad es que, el porcentaje de "*analfabetos funcionales*" crece a un ritmo alarmante con cada nueva generación.

Plasmaré esta información en datos objetivos y contrastables:

- **Individuos que tienen solo educación secundaria:** *48% de extranjeros y 14% de alemanes.*
- **Individuos que no cuentan con educación superior:** *74% de extranjeros y 16% de alemanes.*

Ahondando aún más en las graves fallas del sistema educativo de la Alemania multicultural, comprobamos como la inmigración masiva de elementos procedentes de países del Tercer Mundo, ha obligado a los colegios a instaurar una educación a "*varios tiempos*". ¿Qué significa la educación a varios tiempos? Pues que, para cursar los mismos estudios el sistema ofrece tres vías; según el nivel del cursante: clase inferior, intermedia y avanzada. Las clases de nivel inferior suelen ser dadas a los refugiados y también a los hijos de algunos inmigrantes. Su bajo conocimiento del alemán y la ausencia de una escolarización previa en sus países de origen, los hacen candidatos idóneos. Familias alemanas con un nivel socio-económico bajo y familias nacionalizadas, cuyos hijos son la segunda generación en el país, se ven encarriladas por las circunstancias a las aulas de nivel intermedio; lo que termina lastrando el desarrollo pleno de todo su potencial. Y es que, en la Alemania de Merkel, aunque seas alemán de sangre; si tus padres no tienen dinero, no puedes aspirar a ser alguien en la vida. Respecto a los "*nacionalizados*", más de un 40% de ellos no tienen opciones reales de alcanzar los estudios superiores.

Otro caso a estudiar a parte, es el de la participación de las hijas de los inmigrantes en la vida pública alemana; ya sea en la escuela o en el mercado laboral. Es insignificante el mediocre papel que tienen y representan. Aunque la legislación alemana les brinda la oportunidad de acceso a estudios superiores con jugosas becas; una vez que tienen la edad suficiente para casarse, abandonan todo proyecto en el que estuviesen implicadas hasta entonces. Tomemos el caso de las jóvenes turcas: *Más del 45% de ellas se encuentra fuera del mercado de trabajo; tasa prácticamente similar al total del cómputo de los inmigrantes (ambos sexos) que viven de los servicios sociales.* Más le valdría darse cuenta a la progresía, de que la igualdad de género en las comunidades inmigrantes es inexistente. Ni todos sus programas inclusivos podrán cambiar una realidad étnico-social, que lleva milenios perpetuándose en la psique de sus exóticos invitados.

Las prestaciones que regala el estado del bienestar alemán, son el único ingreso que entra en las casas del 55% de las familias de migrantes. La falta de oportunidades en el mercado laboral, unido a la escasa cualificación de los propios extranjeros y sus hijos, conducen a una letal simbiosis económica llamada: *parasitismo*. El acceso a unos derechos que no se han ganado, les permite nutrirse permanentemente de las dádivas asistenciales del estado. Tomemos una etnia o nacionalidad en concreto para ilustrar el siguiente paradigma. Los turcos son el grupo foráneo más numeroso en la Alemania actual. Veamos el porcentaje de solicitantes de las jugosas prestaciones gubernamentales, que poseen dicho origen étnico; para contraponerlo al de los nativos.

- *El 35% de los turcos son solicitantes asiduo-temporales de este tipo de prestaciones. Los alemanes que recurren a ellas suponen el 12%.*

- *El 10% de los turcos dependen, permanentemente, de la ayuda de la seguridad social. En el caso de alemanes étnicos no llegan al 2%.*

Admitámoslo, las crisis económicas suelen afectar de manera directa a los inmigrantes; de ahí que su tasa de desempleo sea mayor. De nuevo pondré el ejemplo de la población turca que vive en Alemania, para ilustrar mi explicación.

Tasa de desempleo *(2015)* desglosada según origen étnico:
- Alemanes: *8%*
- Inmigrantes *(descontando a la población turca): 16%*
- Turcos: *45%*

Lo más probable es que, tras leer esto, ciertos individuos defensores de la Alemania multicultural nieguen de raíz los datos que estoy aportando. No me sorprendería, en absoluto, que trataran de acusarme de falsear la realidad. Quizás argumenten que he cogido algunos datos, de aquí y de allí, para mezclarlos luego a mi antojo. Total, cuesta mucho indagar en un tema tan espinoso.

Las propias instituciones de la República Federal Alemana se niegan a publicar cifras fidedignas al respecto. No penséis que es porque temen la reacción de los progresistas alemanes. Lo que no quieren, es que las demás naciones europeas nos demos cuenta de hacia dónde conduce la locura del *"papeles para todos"* y las fronteras abiertas. Las contadas estadísticas que suelen verse en ciertos medios, digamos: más conservadores, tampoco son para nada fiables. Para los esbirros de la CDU de Ángela Merkel, aunque alguien no domine la lengua alemana y tampoco tenga nada en común con los habitantes autóctonos; puede ser, aun así, ciudadano alemán. Es importante reseñar esto, ya que los "*nacionalizados*" nunca se contabilizan en las estadísticas o encuestas. Tenéis que tener claro que las izquierdas y las derechas os van a mentir por igual.

Por normal general, legales e ilegales suelen instalarse en las mismas zonas. Berlín es una de las ciudades germanas en las que más extranjeros viven. La imagen de barrios enteros convertidos en inmensos guetos, ha degradado a la capital germana. Mezquitas, tiendas de alimentación halal, mercados kosher y locutorios han venido para quedarse. Incluso los propios organismos públicos de determinadas áreas calientes, ofrecen sus servicios en turco y alemán; la lengua nativa es ofrecida en el último lugar y solo si el usuario la pide.

En estas inmensas aljamas, tal y como cabría esperar, la convivencia es insostenible. Los diversos grupos étnicos/religiosos buscan imponer sus diferencias culturales y religiosas al resto, lo que origina multitud de conflictos. Los escasos alemanes nativos que residen en las áreas multiculturalizadas, han cedido todas y cada una de sus libertades para poder sobrevivir tranquilos. Comprar cerdo es impensable. Los animales ungulados ahora son sacrificados conforme al rito musulmán. Las mujeres blancas con un comportamiento impúdico, según los valores de los extranjeros: no portar el velo, tener relaciones prematrimoniales o llevar minifaldas; se ven obligadas a tomar todo tipo de precauciones, para no ser asaltadas. Así es el día a día de un nativo en territorio enemigo.

Los medios de comunicación germanos se niegan a informar de esta acuciante realidad. Para ellos todo va bien; la culpa es de los *"nazis"* nativos, que no quieren integrarse. La televisión dirá que son los alemanes quienes discriminan a los turcos, afganos o sirios; los cuales siempre son presentados como víctimas ante el aborregado público. En la prensa de papel tradicional y en los canales de noticias germanos, poco o nada se habla de los dramáticos y sangrientos sucesos que voy a citar a continuación. Recuerden que pese a lo brutales que puedan parecer, no sucedieron en un agujero del Tercer Mundo; sino en la multicultural y progresista Alemania.

- *Solicitante de asilo somalí fue acusado de haber violado a dos ancianos con discapacidad, en un centro para personas disminuidas. También se le adjudica el asesinato de la mujer de una de las víctimas.*
- *Refugiado de Eritrea abusó sexualmente de una anciana de 79 años en un cementerio alemán; al cual había acudido, a dejar flores en la tumba de su hermana.*
- *Dos refugiados afganos (20 y 25 años) abusaron en una piscina pública, en la ciudad de Delbrück, de dos niños de 14 y 11 años.*

- *Afgano deja inconsciente y viola a una chica en el carnaval de Colonia.*

- *Refugiado sirio asesina con un machete a una embarazada en Reutlingen, cuando ésta regresaba a casa tras terminar su jornada trabajando como limpiadora de un restaurante.*

- *Refugiados violan a una niña de 7 años.*

- *Afgano apuñala a cuatro pasajeros de un tren, una semana después del atentado en Niza (Francia).*

- *Joven afgano viola y asesina a una chica de 19 años (María Ladenburger, hija de un alto oficial de la Unión Europea), en Freiburg.*

Podría continuar enumerando los actos criminales cometidos por refugiados/inmigrantes; ya que, por desgracia, se están convirtiendo en algo cotidiano. Ocurre lo mismo con los ataques terroristas en suelo alemán, de los que son partícipes estos grupos "*socio-étnicos*". Al final, este tipo de matanzas indiscriminadas han terminado por ser parte del paisaje. Gente muerta en mercados navideños, ataques con hachas en trenes, bombas dentro de mochilas y atropellos múltiples. Nadie puede acusar a los criminales multiculturales, de no tener imaginación a la hora de asesinarnos.

En una sociedad moral, mental y físicamente sana la alarma ya habría cundido entre la masa, pero no ocurre eso en Alemania. Los supuestos peligros son: los nazis, Pegida, la vuelta de Hitler, el presidente húngaro Viktor Orban, la Rusia de Putin o que Grecia y Portugal paguen a la Troika; pero no los criminales que están entrando en masa en el país, con pasaportes falsos comprados en Turquía. Lo peor de todo, es que hay nativos que todavía compran este discurso. Son estos mismos tontos útiles, los que no se ruborizan al leer en los periódicos que:

"Alemania no sufre terrorismo islamista, sino que son casos aislados cometidos por gente bajo el efecto de las drogas".

Tras las violaciones en masa cometidas durante la noche de Fin de Año en la ciudad de Colonia, los ideólogos del multiculturalismo kalergiano salieron en tropel a la palestra, para cumplir con su función de abogados defensores. ¿Y cómo disculparon la actitud de sus exóticos protegidos? Muy simple: *Sacando del armario al fantasma del Heteropatriarcado.* El mensaje caló por igual en los progres de derechas, centro e izquierdas.

"Que todos los agresores fueran extranjeros, que entraron como refugiados en el país, es indiferente. Ellos violaron y abusaron por causa de ser hombres. Así que, la culpa es del machismo y del patriarcado".

A estas alturas de la película ya sabemos que los votantes de Angela Merkel, no son mucho mejores que quienes apoyan a Martin Schulz. Ambos grupos son fieles defensores del *"milagro económico alemán"* *(Wirtschaftswunder),* el cual se sustenta en la libre y masiva circulación de personas.

"Es bueno que vengan más inmigrantes, ellos pagarán nuestras pensiones. Alemania está envejeciendo, necesitamos a los jóvenes turcos y africanos para renovar nuestra sangre. La economía no entiende de razas o culturas. Los mini jobs son el futuro".

Este tipo de vil razonamiento lleva aparejada una realidad política determinada: *El flujo de inmigración masiva no ha de verse frenado.* ¿Y todo por qué y para qué? ¿Por qué tanto empeño en rebajar el nivel educativo germano? ¿Por qué acusar a los alemanes que rechazan el multiculturalismo, de ser responsables de los crímenes cometidos por los "*nazis*"? ¿Es necesario dar tanto dinero a la industria de los "*derechos humanos*"? ¿Tiene el alma germana algo especial, que ayude a entender este asunto? La sumisa Alemania es considerada, estratégicamente, por los ideólogos de la Paneuropa kalergiana como: *Uno de los objetivos más importantes a derribar.* Humillando y aplastando a los nietos del III Reich, los globalistas quieren dejar claro que: *Lo ocurrido en 1933, no fue más que una quimera.* Ninguna nación en la tierra podrá librarse del yugo impuesto por el Nuevo Orden Mundial. Nada ni nadie está por encima del *"Wirtschaftswunder".*

Tened por seguro que, si viviese en Alemania, ya hubiera ido a parar a un frío y húmedo calabozo. ¿El motivo? Pues exponer, claramente, lo que está sucediendo en este país centroeuropeo. Cabe la posibilidad de que las autoridades españolas, las cuales están a sueldo de estos criminales trasnacionales, estén planteándose el ejercer la censura sobre mi persona. Que secuestren mi libro es la opción más plausible. Aducirán que estoy fomentando el racismo y la discriminación, que los números aquí aportados únicamente sirven para alimentar la hoguera del odio racial o que quiero que se lleve a cabo un nuevo Holocausto.

Los hechos contrastados y cuantificables son el peor enemigo de los defensores del Plan Kalergi; ya que, contra ellos, solo pueden utilizar la represión para tratar de refutarlos. Sé a lo que me expongo, por querer sacar la verdad a la luz. Mi misión es transmitirla y la vuestra:

"No dejar que ésta quede sepultada bajo las mentiras del sistema".

Ya ganaron una vez en 1945. No dejéis que lo vuelvan a hacer.

REINO UNIDO

La historia multicultural y multiétnica del Reino Unido no es flor de un solo día. La mentalidad mercantilista de sus gobernantes los llevó a expandirse por el globo: India, Sudáfrica, Pakistán, Palestina... Sus fines nunca fueron étnicos. No pretendían acrecentar o anexionar nuevas zonas que garantizaran su *"espacio vital"*. Durante su constante búsqueda de nuevos mercados en los que hacer negocio, hicieron de la explotación del débil una doctrina económica *"Made in British"*. Por ello, no debe sorprendernos que los seguidores y defensores del *Plan Kalergi* utilicen el pasado colonialista de esta isleña nación, como excusa para otorgarse el derecho de abrir las compuertas a la riada de refugiados; la cual les espera en Calais.

"El mensaje hacia mi electorado, en todos los eventos a los que he acudido en mi distrito, es: ¡dejadles entrar! ¡Les daremos la bienvenida!
(Sir Geral Kauffman: Diputado del Partido Laborista, exministro de Medio Ambiente, exministro de Asuntos Exteriores y exministro de Interior)

Gran Bretaña siempre ha sido y es un país en el que la desigualdad socio-económica de sus miembros importa más que las diferencias raciales existentes. Sus antecedentes clasistas nos conducen hasta casi la Edad Media. En Reino Unido ha existido siempre un sentimiento de intolerancia contra la pobreza, que imperaba en las naciones que le son más cercanas: Escocia, Irlanda o Gales. La corona nunca consideró iguales a estas gentes. Vale la pena recordar como Irlanda fue una colonia explotada, sometida y humillada, durante siglos, por el poder centralizador de Londres. Los celtas irlandeses eran discriminados y despreciados por ser mucho más humildes que los pudientes ingleses. Aunque todos los estados satélite europeos que giraban en torno al Imperio Británico, tenían lazos de sangre en común; el atraso socio-económico de sus patrias respecto a la metrópoli los convertía, a ojos de la corona, en meros trozos de carne equiparables a los que ya poseían por millones en el continente africano y asiático.

Esta corriente ideológico-social dio forma a un gigantesco imperio con pies de barro. Los mismos nativos de Gran Bretaña que despreciaban a sus hermanos escoceses, galeses e irlandeses; veían con buenos ojos, la llegada a la isla de individuos provenientes de países no blancos. Este fenómeno se vivió, con especial intensidad, en la pujante ciudad de Londres. Si los inmigrantes tenían suficiente dinero, los acogían como iguales; pero si resultaba que tan solo eran unos desarrapados de color marrón, los terminaban utilizando como exótica mano de obra barata a la que explotar. Este tipo de integración económica pronto se convirtió en la seña de identidad del país anglosajón.

"Si tienes una amplia fortuna que respalde tus opiniones y forma de vida, eres de los nuestros".

Como cabría esperar de un sistema *capital-asimilacionista,* basado en la capacidad adquisitiva de los individuos para integrarlos; las tensiones políticas, raciales y sociales no tardaron en aparecer (*primera década del siglo XX*). La supremacía cultural británica pronto se vio cuestionada por judíos, asiáticos, árabes y africanos. El racismo del que acusaban a la sociedad de acogida, el cual no era más que simple clasismo; les sirvió de excusa perfecta a los enemigos del débil Occidente, para atacar la homogeneidad blanca en las islas.

El final de la Segunda Guerra Mundial marcó el inicio de la decadencia total del Imperio. Lo que no lograron las tropas alemanas del III Reich, lo consiguieron las políticas sociales impulsadas por la izquierda laborista de Clement Attlee en 1945. Con el paso de las décadas, el sentir patriótico quedó relegado a un segundo plano. Defender la integridad étnica de la nación, era algo de lo que solo se ocupaban grupúsculos minoritarios; sin demasiado peso político. Es importante recalcar este hecho para comprender el entreguismo político del gobierno británico, en los años 50 y 60, durante el proceso descolonizador. El Imperio no terminó por derrumbarse debido a su debilidad económica o militar. Nada de eso. Fue la acción minadora de los sujetos racializados de clase media-alta, a los que tan alegremente habían acogido en su seno; los que conspiraron para echar abajo el edificio en el que vivían.

Si la otrora boyante Sudáfrica del apartheid tuvo un Mandela que logró destruir toda una nación, la cual había sido forjada gracias al esfuerzo e inteligencia de los colonos blancos Boers e ingleses; en los territorios orientales del imperio, Gandhi vino a representar este papel barrenador. ¿Y quién es Gandhi? Seguro que muchos tendréis una idea formada, de carácter buenista, sobre este individuo enjuto de aspecto humilde y contrario a la violencia. La farsa que se ha montado en torno a su figura, ha sido utilizada por los enemigos de Europa para criminalizar a los ingleses blancos. Me gustaría hablaros un poco, sobre la idealizada figura de Mahatma Gandhi. La izquierda mediática y también la cobarde y traidora derechona occidental, lo han encumbrado a la cima del Olimpo de los héroes democráticos. Cuenta la leyenda democrática, que Gandhi nunca utilizó la violencia para lograr sus fines políticos. Qué tierno todo, ¿no creen? Pena que la realidad estropee un buen titular.

Los políticos y seudo intelectuales occidentales defienden que solo los blancos pueden ser racistas. Argumentan que las demás razas no tienen un sistema de poder, que las ampare para ejercer la represión. Esto es harto curioso; ya que, de ser cierto, las matanzas contra los tutsis, yazidíes, bosquimanos, uigures o armenios nunca debieron haberse dado en la historia. Así que, llegados a este punto cabría preguntarse: ¿puede ser que el gran libertador de la India, gurú de los pijo-progres pacifistas, fuese también un racista? Motivos tengo para pensarlo y, a continuación, os relataré el porqué de mi reflexión.

Cuentan las malas lenguas, en este caso dos cetrinos académicos sudafricanos de nombre: Ashwin Desai y Goolam Vahed, que al paladín de la *"no violencia"* no le importaban mucho los derechos de los negros. Durante la estancia en Sudáfrica de Gandhi, al líder indio únicamente le interesó la defensa de los derechos civiles de los suyos. Él no quería que su tierra estuviese en manos de los británicos; pero, a la vez, defendía que el poder en Sudáfrica debía permanecer en manos blancas.

"Los negros o kaffirs son incapaces de comportarse en sociedad de manera civilizada".

(Mahatma Gandhi)

La mezcla racial entre ambos pueblos también le incomodaba.

"Sobre la mezcla entre kaffirs e indios debo confesar que tengo sentimientos negativos".

(Mahatma Gandhi)

Por más que le pese a los progres defensores de las tesis kalergianas, el movimiento descolonizador en los territorios del Imperio Británico, no se basó en la falsa dicotomía: *blancos opresores y no blancos oprimidos*. Caer en esta dualidad simplista es propio de mentes progresistas. Lo que ocurrió verdaderamente en la India y también en las demás zonas descolonizadas, fue una lucha encubierta por el poder mundial. A los padres del Nuevo Orden no les interesaba una nación europea fuerte, con ramificaciones o sucursales en todo el mundo; caso de Inglaterra o del Portugal de Oliveira Salazar. La gran extensión del Imperio Británico dificultaba el encaje de las islas en el diseño de la Paneuropa continental. Por eso, destruir su integridad transoceánica era prioritario.

El centenario Imperio Británico terminó cayendo derrumbado como un inestable castillo de naipes, víctima de las conspiraciones internas y externas. Con esta desconexión político-administrativa los defensores de la descolonización lograron acabar con el poder blanco, en las zonas en las que los ingleses no eran étnicamente mayoría. No deja de ser cuanto menos llamativo que, inmediatamente después, millones de inmigrantes procedentes de las colonias afro-asiáticas comenzaran a repoblar en masa las ciudades de la metrópoli británica. Oleadas de pakistaníes, jamaicanos e indios llegaron a las islas para quedarse. Esto dio lugar a la creación de peligrosos guetos raciales por todo el país.

Según los últimos datos publicados por la ONU *(2016)*, organismo nada sospechoso de ser un lobby antinmigración, el Reino Unido postcolonial ha acogido en su seno hasta la fecha a 8.600.000 de inmigrantes. Dicha cifra equivale al 13,07% de la población total del país, motivo más que suficiente para comenzar a preocuparse. En menos de una década, el flujo migratorio hacia las islas se ha incrementado en un 12,34%; esto son 938.537 de inmigrantes más que se suman a la riada humana.

A continuación, mostraré una tabla con la siguiente correlación: *"país de origen/cantidad"*. Debéis tener en cuenta que, en dicho cómputo, no entran aquellos individuos que ya adquirieron la nacionalidad (*pueden tener la doble*). Tampoco los que son descendientes de inmigrantes, hijos fruto de matrimonios interraciales o que directamente carecen de papeles y que, por lo tanto, residen ilegalmente en el país.

Lugar de origen	Población inmigrante en Reino Unido (sin nacionalidad)
India	776.603
Pakistán	540.495
Jamaica	300.000
Bangladés	230.143
Nigeria	216.268
China	182.628
Kenia	151.073
Filipinas	139.570
Sri Lanka	138.752
Zimbawe	132.942
Somalia	110.775

Las cifras expuestas evidencian el problema migratorio que sufre Gran Bretaña. La sustitución poblacional que se está llevando a cabo en Reino Unido, al igual que ocurre en el resto de las naciones europeas, es un hecho más que probado. A principios del año 2000, los niños blancos nacidos en el Reino Unido representaban el 58% del total de los partos. Esto quiere decir que: *Los alumbramientos de bebés nativos, todavía contrarrestaban el efecto poblacional sustitutorio*. Pero las tornas han cambiado, gracias a la alta fecundidad de los migrantes. Los británicos de raza blanca ya son una minoría en ciudades como Londres. Más del 37% de los habitantes de la capital, no han nacido en Europa. No estoy exagerando y mucho menos dando información errónea. En un censo publicado por la Oficina Nacional de Estadísticas (*2015*), se divulgaron los siguientes datos:

Londres:

- **Población:** *8.674.000 de habitantes.*
- **Blancos:** *45%*
- **Otras razas:** *55%*

Que los británicos blancos sean minoría en la capital, se debe al incremento en un 63% (*en los últimos diez años*) de los residentes de origen extranjero. Cabe destacar otro asunto importante que, sin duda, beneficia a la agenda de los defensores del Plan Kalergi; y es que:

"El aumento del número de británicos de ascendencia mestiza, también favorece el genocidio contra la raza blanca".

No hay conexión alguna en las zonas multiculturalizadas entre nativos y foráneos. Muy pocos forasteros asimilan, como propios, los valores y la forma de vida que previamente llevaban los ingleses blancos. Cada uno de estos migrantes quiere vivir en su: *"China Town"*, *"Sharia Zone"* o *"Little Jamaica"*. Esto me lleva a plantearme una cuestión:

"Si todos esos extranjeros quieren seguir practicando la misma religión, hablando su lengua materna, comiendo su comida tradicional, luciendo sus símbolos y colores nacionales, enseñando su cultura a sus múltiples vástagos; ¿qué demonios han venido a hacer a Europa?"

La respuesta es más que obvia:

"Han venido a aprovecharse".

Seguro que más de uno se habrá escandalizado al leerlo, pero eso es algo que no me quita el sueño. La verdad nunca estuvo hecha para las orejas del necio. No niego que puedan existir ciertos *"casos aislados"*, de inmigrantes que han terminado por integrarse; pero su porcentaje queda ensombrecido, por la gran cantidad que suponen aquellos que no lo hacen. ¿Y qué le ocasiona todo esto a la población blanca originaria? Pues multitud de problemas en su vida diaria.

Nadie quiere ser el único cristiano que malvive en una *"Sharia Zone"*. Tampoco ese inglés lechoso que pasea, temeroso, por la negruzca *"Little Jamaica"*. Sí, al fin y al cabo, se trata de prejuicios y racismo. ¿Acaso no es racismo cuando un grupo de negros asalta a un joven e indefenso adolescente blanco? ¿Cómo le llamaríais al hecho de no poder beber una cerveza en la calle, para no enfadar a los inmigrantes musulmanes que allí viven? ¿Qué es lo que ocasiona que los ancianos británicos, los cuales entregaron sus mejores años a la patria, deban encerrarse en sus casas al caer el sol? ¿Quizás es por el patriarcado, la Liga de Defensa

Inglesa, el UKIP o el fantasma de Oswald Mosley; el cual ha resucitado para refundar la Unión Británica de Fascistas? Debo deciros que todas las respuestas anteriores son erróneas. La única válida y certera que explica el cambio, a peor, de la vida de los ingleses nativos; es: *"El racismo anti-blanco"*.

El dramático *"Caso de Rotherham"* da buena cuenta del peligro que supone, para los niños y niñas blancos, la cohabitación interétnica con salvajes provenientes de oscuros agujeros tercermundistas. La censura mediática que ejercen los lacayos periodísticos, a sueldo del Nuevo Orden; es la culpable de que muchos no sepáis, de lo que os estoy hablando. Qué pensaríais si os dijera que, durante dieciséis años, en el Reino Unido más de mil cuatrocientos niños sufrieron abusos sexuales por parte de la comunidad pakistaní residente. Pero aquí no acaba la cosa. La inacción y complicidad de las autoridades políticas con los viles violadores, los cuales fueron denunciados hasta en tres ocasiones, ayudó a perpetuar en el tiempo estos aberrantes crímenes contra la humanidad.

Seguramente muchos os estaréis preguntando: ¿cómo es posible que un asunto tan espeluznante, en el que se vieron implicados cientos de niños, no mereciera tan siquiera aparecer en la portada de algún libelo español (*el Mundo, el País, ABC, La Razón,...*)? La respuesta es simple: *Las víctimas eran occidentales y eso no vende.* Si en lugar de tiernos e inocentes infantes blancos de apenas diez años de edad, violados por la chusma extranjera, hubiesen sido refugiados que sufren la zancadilla de una periodista húngara o hijos de traficantes ahogados en las costas turcas; tened por seguro, que estarían durante semanas e incluso meses hablando en todas las tertulias sobre el asunto en cuestión. No exagero, podéis comprobar que eso ya ha sucedido. A mí no me sorprende el silencio mediático de los medios de desinformación masiva. Vuelvo a reincidir en lo mismo, por si a alguno no le ha quedado claro:

"Los problemas de los blancos no le importan a nadie".

Somos víctimas de atentados, agresiones racistas, genocidio y abusos sexuales; pero casi nadie informa sobre ello. Que estos mil cuatrocientos pequeños e inocentes niños británicos fueran: secuestrados, torturados, abusados sexualmente y vendidos al mejor postor por mafias extranjeras asentadas en Reino Unido; pareció serle irrelevante a los defensores de la multiculturalidad. Que la mayoría de los abusadores pederastas fueran inmigrantes musulmanes de Pakistán, tampoco generó alarma o debate público. Lo trataron como un caso aislado, que nada tenía que ver con la procedencia, religión y raza de los criminales. *"Los europeos también cometen crímenes"*, esgrimieron los progres para minimizar los hechos. Se negaron a ver el sustrato racista anti-blanco que había en todo esto. Conviene relatar algunos detalles del caso, tal y como ya hice en mi libro *"Patriotismo o Barbarie: Pensamiento Nacional Revolucionario"*, para impedir que nadie quede indiferente. El *"Caso Rotherham"* nos atañe a todos los europeos blancos; tanto por afinidad racial con las víctimas como por ser personas decentes, que buscan justicia en este mundo cada vez más oscuro.

Los locales de comida kebab eran el centro de operaciones de esta mafia de pederastas, al más puro estilo *"Pizza Gate"*. La mayoría de los niños procedían de hogares pobres con familias desestructuradas; es decir: *monoparentales*. Los depredadores pakistaníes los invitaban a comer, les regalaban teléfonos (*robados*) con la excusa de querer *"hablar"* y los recogían a la salida del colegio. Una vez se ganaban su confianza, iban un paso más allá. Comenzaban a suministrarles drogas y alcohol como paso previo a los abusos sexuales que estaban por venir. Estos oscuros y repulsivos pederastas, con permiso de residencia y doble nacionalidad; no dudaban en emplear la fuerza física, cuando algún infante trataba de resistirse. Mediante palizas lograban coaccionar a las víctimas, para que éstas ejerciesen la prostitución. Estaban obligados a acostarse con los clientes, que los pestilentes pakistaníes buscaban.

Esta mafia del kebab repitió la misma técnica, durante años, sin que nadie le pusiese freno. El suculento negocio de "*la Trata de Blancas*", en este caso: *menores nativos*, reportó cuantiosos beneficios a esta red de inmigrantes pederastas. Resulta más que evidente que las autoridades locales hicieron oídos sordos, a las llamas de auxilio de las pobres criaturas estupradas. Entre los años 2002 y 2006 se elaboraron tres informes en los que se detallaban, con pelos y señales, los horrendos casos de explotación infantil que estaban sucediendo en la ciudad de Rotherham. Pese a ello, nadie movió un solo dedo para salvarlos. El temor a ser etiquetados de "*racistas*", ya que los cetrinos abusadores eran pakistaníes; hizo que allí todos los que podían hacer algo, mirasen para otro lado. Lo más vergonzante de todo este asqueroso asunto, es que, cuando al fin salió a la luz; la prensa intentó embarrarlo, aduciendo que: "*Las cosas se habían exagerado*". Durante los meses siguientes, las portadas de estos panfletos intoxicadores no cesaron en su campaña de acoso y derribo a las víctimas; y también a su círculo de familiares más cercanos. Acusaron a los padres de estos mártires de ser:

"*Racistas islamófobos*".

Sembraron la sospecha al insinuar que:

"Tan solo buscaban sacarle el dinero a la próspera comunidad pakistaní".

Justificaron los abusos bajo el falso supuesto de que:

"Las relaciones sexuales mantenidas entre niños y niñas de diez años con hombres de treinta, fueron totalmente consentidas y aceptadas".

Nadie hizo nada para parar tal despropósito desinformativo. Los entes televisivos habían escogido un bando: *El de los pedófilos extranjeros*, y los iban a defender con uñas y dientes. No fue hasta noviembre de 2010, cuando los perpetradores del "Caso Rotherham" se sentaron en el banquillo de los acusados por primera vez. La gran mayoría fueron condenados a penas ridículas, en comparación con los horrendos actos que habían cometido. Muchos otros se fugaron a su Pakistán natal; logrando escapar, con suma facilidad, de la débil mano de la justicia inglesa. Incluso, hubo quienes salieron absueltos; gracias al siguiente argumento:

"Su cultura y religión les impedía ver que estaban haciendo algo mal. En sus países de origen son comunes este tipo de comportamientos. Nunca pensaron en estar trasgrediendo la ley".

Por supuesto que la injusta justicia falló a su favor. Cómo condenar a estos seres, cuasi angelicales, que vinieron para enriquecer la cultura de Reino Unido con sus violaciones, Sharias Zones y lapidaciones.
Espero que los hechos aquí expuestos, sirvan de aviso a navegantes:

"El multiculturalismo mata, sobre todo si eres blanco".

Se imaginan si entre esos mil cuatrocientos infantes desconocidos, estuviesen incluidos sus: hijas, nietos, hermanos, primos o cualquier otro menor de su familia. ¿Cómo se sentirían al saber que la policía no puede, ni quiere, hacer nada útil? ¿Seguirían escuchando a esos pijo-progres, defensores del lobby LGTB, asociaciones feministas y demás colectivos antifascistas; que tildan de *"diablos racistas"* a quienes denuncian casos similares? ¿Acaso no se enfurecerían al ver a los abusadores de sus hijos marcharse tan tranquilos a Pakistán, porque las autoridades han decidido que no es necesario quitarles el pasaporte? ¿Cómo se tomarían que la prensa amarillista cuestionase en sus reportajes sensacionalistas, la legitimidad del acto de denunciar a alguien de *"color",* si el denunciante es blanco? ¿Se quedarían tranquilos sabiendo que, por haber abierto la boca, el grupo racial al que pertenecen los acusados los ha marcado como objetivo? ¿A qué ya no les parece tan estupenda y moderna la idea de vivir en una ciudad, en la que los nativos blancos hemos pasado a convertirnos en minoría? Pues amigos míos, ya va siendo hora de espabilar y despertar.

Como podéis ver, ni la prensa, las autoridades o la propia policía del sistema moverán ni un solo dedo para salvar vuestros culos pálidos. No podéis esperar que los políticos tradicionales, vengan a sacaros las castañas del fuego. En palabras de la Ministra de Interior Amber Rudd:

"Tenemos que ser capaces de mantener un diálogo sobre la inmigración".

Yo me niego a parlamentar, no hay diálogo que valga con esta gente. El servilismo del gobierno británico es repulsivo y más cuando Reino Unido sufre constantemente, en sus propias carnes, el odio de los inmigrantes yihadistas. El atentado de Marzo del 2017, está todavía muy reciente en la memoria de algunos británicos. El terror que sembró el yihadista, se suma al doloroso recuerdo dejado por ataques anteriores. Un vehículo todoterreno fue el arma elegida para segar la vida de los transeúntes, que cruzaban el puente de Westminster en aquel fatídico momento. El apuñalamiento posterior de un policía, supuso la guinda del pastel. Lo que buscaba el terrorista con su acción, era matar gratuitamente a unos europeos que nunca se van a defender.

"Queremos conquistar Londres, París, Roma y España;
después de oscurecer vuestras vidas y destruir la Casa Blanca, el Big
Ben y la Torre Eiffel".
(Abu Muhammad al-Adnani, alto dirigente del Estado Islámico)

Esta es la sangrienta recompensa que el Reino Unido y Europa han obtenido por abrazar el mortal multiculturalismo. Muchos nacionalizados celebran con júbilo cada ataque, lo cual no es de extrañar. Cincuenta mil personas en las islas británicas se han descargado el manual de Al Qaeda, solo en el año 2015. En *"Rumiyah"* (*revista en lengua inglesa del ISIS*) se publicó un artículo de tres páginas, detallando la táctica a seguir para los ataques con vehículos.

Rumiyah, Noviembre 2015

"Aunque es parte esencial de la vida moderna, son muy pocos los que realmente comprenden la capacidad destructiva y mortífera de un

vehículo de motor; y su poder para cosechar un gran número de víctimas, si se usa con premeditación".

Tras cada embestida, golpe o explosión en Gran Bretaña los hijos del multiculturalismo, ya sean de primera o segunda generación; no han dudado en compartir por mensajería instantánea, entre crueles risas, las escenas de pánico captadas por las cámaras de los teléfonos móviles en los momentos posteriores del atentado. Incluso, realizan y divulgan macabros montajes fotográficos; como, por ejemplo: *El del Big Ben en llamas.* Motivos no les faltan a los simpatizantes de los yihadistas, para mostrarse tan pletóricos. El cobarde Occidente agacha la cabeza cada vez que golpean. Además, saben que nadie los castigará por burlarse de las víctimas nativas.

La excusa que da esta chusma extranjera es siempre la misma: *"Los occidentales comenzaron primero".* Parecen querer vengar: *"La sangre derramada en Afganistán e Irak"*; aunque ninguno de los asesinados haya estado en dichos países. Mientras tanto, los ingleses solamente se dedican a poner flores, cantar *Imagine* de John Lennon y exigir una mayor cuota de refugiados para el país. Parece que la táctica pacifista de esconder la cabeza bajo tierra o en su defecto, poner la otra mejilla, no les está funcionando muy bien a los ingleses. Solo hay que hacer un repaso cronológico, para ver las manchas de sangre en el calendario.

- **21 de diciembre de 1988:** *El Vuelo 103 de la aerolínea estadounidense "Pan Am" explotó en el aire, cayendo sus restos sobre la ciudad de Lockerbie (Reino Unido); cuando unos terroristas libaneses activaron la carga de explosivo plástico, que estaba escondida dentro de un radiocasete.*

- **7 de julio de 2005:** *Cuatro explosiones sembraron el pánico, entre los usuarios del sistema de transporte público londinense. Tres bombas explotaron, a intervalos de cincuenta segundos, dentro de los vagones en los que habían sido colocadas. Una cuarta bomba explotó en un autobús en la plaza de Tavistock. Cincuenta y dos personas fueron asesinadas ese día, y más de setecientas resultaron heridas.*

- **23 de mayo de 2013:** *Dos nigerianos a los que se les había concedido la nacionalidad británica, atropellaron y decapitaron al soldado inglés Lee Rigby en el barrio multicultural de Woolwich.*

- **5 de diciembre de 2015:** *En la estación de metro de Leytonstone, un tal Muhaydin Mire, de 30 años, apuñaló a dos pasajeros al grito de: "Esto es por Siria".*

- **23 de marzo de 2017**: *Tres muertos y cuarenta heridos en el colorido corazón de Londres. El terrorista conducía un vehículo todoterreno, marca Hyundai, con el que fue arrollando a los viandantes que se encontraban cruzando el puente de Westminster; antes de empotrar el coche contra la verja del Parlamento Británico. De inmediato, Khalid Masood se bajó del vehículo y atacó con un cuchillo a un policía; al que le causó la muerte.*

- **22 de mayo de 2017:** *Salman Abedi, hijo de refugiados libios, hizo detonar una mochila-bomba durante el concierto de Ariana Grande en el recinto: Arena de Manchester. La explosión causó veintidós muertos y ciento diecinueve heridos; la mayoría de ellos niños y adolescentes.*

- **3 de Junio de 2017:** *Un comando formado por tres terroristas islámicos, mató a ocho personas e hirió a otras cincuenta en la zona* *de Borough Market (Londres). Primero se valieron de una furgoneta para arrollar a una veintena de peatones, junto a la estación del Puente de Londres. A continuación, se bajaron en Borough Market y comenzaron a apuñalar a la gente al azar.*

Los ingleses no han comprendido aún, y el resto de europeos creo que tampoco, que este tipo de actos no van a cesar hasta que tomemos una decisión drástica y contundente:

"Expulsarlos a todos, incluidos a algunos de los nacionalizados".

Casi novecientos *"nuevos británicos"* han viajado hasta Siria, Afganistán e Irak para sumarse a las filas de las diversas organizaciones yihadistas que operan allí. Tenemos el caso de Mohammed Emwazi, apodado: *"John el Yihadista"*; culpable de la decapitación de varios rehenes occidentales. También está Ronald Fiddler, el ex preso de Guantánamo que se inmoló en el suroeste de Mosul. Y qué decir del lamentablemente famoso: Anjem Choudary, fundador de Al Ghurabba. Para aquellos que no conozcan las andanzas de Anjem Choudary, toda su historia podría resumirse con las siguientes tres palabras: *"Odio a Occidente"*. Anjem es de origen pakistaní, aunque nació en Reino Unido. Gracias a las bondades de una civilización a la que busca destruir, consiguió obtener la carrera de abogado. Con el tiempo abandonó la abogacía, para dedicarse a predicar la yihad e imponer la Sharia:

"Leyes religiosas musulmanas que rigen la vida, la moral y las costumbres de quienes habitan en sus dominios".

La policía británica es sabedora, desde hace años, de que Choudary es el cerebro que se oculta detrás de varios atentados yihadistas. Anjem se vale de las redes sociales para captar nuevos adeptos, a los que adoctrina para que asesinen a judíos, cristianos, hindúes... Pese a las pruebas de peso existentes, con las que los jueces británicos podrían encerrarlo de por vida; nadie se atreve a detenerlo. Al igual que ocurre con otros inmigrantes que residen en territorio británico, Choudary se cree tan fuerte que hasta se atreve a desafiar a la Primera Ministra.

"Si a Theresa May no le gusta lo que digo, quizás debería irse de este país; ya que mis acciones están dentro de la libertad y la democracia".
(Anjem Choudary, 2014)

El desprecio que sienten por la forma de vida de los hombres y mujeres occidentales es total. Con ellos no hay diálogo posible, por mucho que se empeñe la progresía en defender la negra Europa de la Alianza de Civilizaciones. Para los seguidores de este peligroso y fanático mulá, la única ley que importa es la de la Sharia.

"La Sharia será la única ley en el Reino Unido".
(Choudary en agosto del 2005, entrevista BBC)

La izquierda británica y la derecha sociológica callan, tal y como hicieron cuando el "*Caso Rotherham*" salió a la luz; al escuchar las soflamas de odio provenientes de las bocas de los "*nuevos ingleses*". En ciudades como Londres son ya comunes los "*Sharia Patrols*":

"Grupos de inmigrantes o "nacionalizados" que patrullan las calles, para asegurarse de que nadie incumple los preceptos islámicos".

Gays, mujeres, jóvenes bebiendo alcohol o cualquier hombre blanco con el que se crucen, suelen ser los objetivos de estos escuadrones de la fe mahometana. Extraña que en un país donde se persigue a todo aquel que muestre un crucifijo en su lugar de trabajo, se penaliza a las escuelas demasiados blancas y se encarcela a los líderes patriotas que protestan por la invasión migratoria que están sufriendo; el gobierno y la justicia tengan la mano tan blanda, a la hora de aplicar la ley a quienes quieren implantar el *"Califato de Londistán"*. El ejemplo más notorio de la persecución social, económica y judicial que sufren en Reino Unido aquellos que osan levantar la voz, lo tenemos en la figura de Tommy Robinson; fundador del EDL *(Liga de Defensa Inglesa)* y actual miembro de PEGIDA. Ha sido blanco de ataques por sus declaraciones políticas. En una entrevista para el canal alternativo *"REBEL MEDIA"*, mientras caminaba por las calles de la ciudad de Lutton, un grupo de musulmanes lo asaltó y golpeó. ¿Qué dijo la prensa oficialista al respecto? Cito palabras textuales:

"Que Tommy Robinson había ido a provocar".

Pensad en esto:

"Si alguien con tanta notoriedad pública como Tommy Robinson, es golpeado delante de las cámaras con total impunidad; qué no le harán al resto de blancos británicos, que viven en minoría en las Sharia Zones".

¿Qué soluciones han aportado los políticos para frenar esta espiral de odio racial y religioso? El Brexit. El gobierno seudo conservador de Theresa May ha iniciado la desconexión de la Unión Europea, tras la victoria del SÍ en el referéndum del pasado 23 de junio. Lo han vendido como un: *"Reino Unido para los británicos"*, pero la realidad es bien distinta. Puede que, a partir de ahora, obliguen a las empresas a revelar el número de trabajadores extranjeros que tienen en nómina; siempre y cuando estos pertenezcan a países de la eurozona: Portugal, Polonia, Rumanía o España. ¿Acaso os pensabais que una medida así, iba a afectar a algún trabajador que no fuese blanco? Eso sería racismo y Soros nunca lo permitiría.

La manipulación a la que se sometió a los ingleses durante la campaña, desde uno y otro bando, no dejó hueco alguno para la verdad. El discurso a favor del control de las fronteras que vende el gobierno de Theresa May, es humo. Los propios defensores del Brexit se han visto obligados a admitir que:

"Muchas de sus promesas antiinmigración no van a poder ser aplicadas, aunque se salgan de la Unión Europea".

Para que el Reino Unido siga teniendo acceso al mercado único europeo, está obligado a permitir la entrada en el país de los cetrinos trabajadores extranjeros. Hasta la fecha nadie ha hablado de expulsar a los ilegales, a los inmigrantes con antecedentes, a los *"nacionalizados"* que no cumplen con sus obligaciones o a quienes predican el odio religioso. Tampoco esperéis que lo hagan. Hace falta ser un gobernante valiente, para actuar en favor del pueblo al que dicen representar. El problema es que, tanto Conservadores como Laboristas, han dejado de velar por los intereses de los británicos blancos. Tan solo venden sus servicios a las minorías cada vez menos minoritarias. Londres ya tiene a su Sadiq Khan de la mano de los Laboristas. Estamos hablando de la capital del país, del corazón de la nación. El mundo progre celebró su elección. Mientras tanto, los británicos blancos lloraban desconsolados. Qué fácil es defender el multiculturalismo, cuando se vive alejado de su pestilente aroma.

FRANCIA

La sustitución de la población nativo-europea en Francia, es un hecho más que probado. Los inmigrantes *africanos* están mudándose en masa al país Galo; gracias a la laxitud de las leyes de Reagrupación Familiar, que así lo permiten. Que la economía esté en retroceso y la tasa de desempleo siga creciendo, no parece importarles. ¿Por qué? Es muy sencillo de entender:

"Para ellos siempre existirán ayudas públicas disponibles".

El inconfundible acento árabe no deja de escucharse en las calles parisinas o marsellesas. Los caros restaurantes de alta cocina se han transformado en kebabs y los artísticos cafés ahora son teterías morunas. Tiendas especializadas en comida halal ofrecen sus productos aptos para el consumo de los nuevos franceses, en los mismos locales que antes ofrecían carne porcina, alcohol y demás productos *"Made In France"*.

El número de inmigrantes residentes en Francia no deja de incrementar y no solo por la crisis de los refugiados sirios que estamos viviendo. Si tomamos los datos ofrecidos por la ONU, en un informe publicado en 2015, comprobamos que casi el 12% de la población (*7.784.418*) es extranjera. Desde la década de los 90, la cifra ha ido aumentado vertiginosamente: *Un 10% u 11% cada cinco años*; y su crecimiento no tiene visos de aminorar la marcha.

Fecha/Año	Población Extranjera	%
2015	7.784.418	11,66%
2010	7.196.481	11,08%
2005	6.737.600	10,66%
2000	6.278.718	10,30%
1995	6.087.993	10,23%
1990	5.897.267	10,11%

Gitanos búlgaros y rumanos, argelinos, senegaleses, tunecinos o marroquíes son las nacionalidades que en mayor número emprenden el éxodo hacia territorio galo. España, Portugal e Italia tienen también una gran comunidad de residentes viviendo permanentemente en Francia. Fue durante la etapa del régimen de Franco y la caída del Estado Novo de Oliveira Salazar, cuando más habitantes de la Península Ibérica cruzaron los Pirineos. Si bien es cierto que, en el caso portugués, en pleno 2017, no se ha visto detenido el desplazamiento de su población. La comunidad lusa en Francia, tal y como indico en la siguiente tabla, ocupa la tercera posición.

País de origen	Número de residentes en Francia
Argelia	1.430.656
Marruecos	926.466
Portugal	713.158

Túnez	388.598
Italia	367.593
España	304.422
Turquía	297.429

No debemos llevarnos a engaño. No todo tipo de inmigración es nociva para los países que la reciben. Tampoco podemos pasar por alto el hecho de que, las normas migratorias del pasado siglo XX, eran mucho más estrictas con los ciudadanos procedentes de las naciones del sur de Europa. Durante cuatro décadas: sesenta, setenta, ochenta y años noventa; portugueses y españoles se vieron obligados a emigrar hacia el país vecino. Las normas del *"Acuerdo de Schengen" (firmado en 1985 y puesto en práctica en 1995),* tratado mediante el cual se suprimieron los controles fronterizos en Europa; no existían en aquella época. También era común que los gendarmes devolviesen a las fronteras españolas, el exceso sobrante de mano de obra. Y es que, no bastaba solo con encontrar un empleo para poder tener el derecho pleno a trabajar; las autoridades galas eran quienes lo decidían. Es más, aunque los trabajadores portugueses y españoles tuviesen un contrato en regla, no se les concedía el carnet de residencia permanente.

Los galos nunca percibieron a los inmigrantes ibéricos como: *Un peligro para la seguridad pública.* Tal vez, sí los repudiasen desde un punto de vista clasista; por venir de países pobres, hablar a gritos o gustarles demasiado socializar en bares. Pero no vamos a negar a estas alturas de la película, que ese sentimiento de aprensión era y es mutuo. Los españoles y portugueses nunca trataron de ser auténticos franceses; ya que habían emigrado al norte con la intención de ahorrar algo de dinero y volver con el paso de los años. Aun así, se integraron a la perfección en la sociedad de acogida. Puede que hubiese alguna manzana podrida, entre esos cientos de miles que traspasaron los Pirineos.

De todas formas, desde este libro reto a que alguien busque noticias de la época hablando de: *"bandas organizadas de jóvenes portugueses o españoles"*, *"violaciones en grupo"*, *"actos terroristas"* y demás felonías que sí realizan los inmigrantes actuales. Cuánto darían los parisinos del 2017, por volver a compartir sus barrios con ciudadanos de la península y no con tunecinos. Pero el pasado, pasado es. Ahora comentemos un tipo de inmigración, que sí es muy nociva. Son tantas las dificultades de integración de los inmigrantes africanos en Francia, que la respuesta más lógica sería firmar la expulsión de todos y cada uno de ellos. Su especial *"naturaleza"* hace imposible su asimilación y también la de su semilla.

"La segunda generación, nacida en el continente europeo, se integra mucho peor que la primera".

Los vástagos de los inmigrantes se aferran a sus orígenes foráneos, negando así la *"francesización"* a la que las autoridades los quieren someter. Suelen argumentar que Francia no es su país, por eso prefieren regirse por los códigos culturales de la etnia a la que pertenecen: lengua, cultura o religión. Lo puramente francés les es totalmente indiferente, llegando incluso a producirles aversión. Es en las comunidades de origen africano o magrebí, es decir: *"Las minorías mayoritarias"*; en las que este problema alcanza una mayor cuota de virulencia. En cambio, entre los hijos de polacos, españoles y portugueses les es prácticamente desconocida esta situación. Merece ser reseñado el odio del que hace gala la *racaille* tercermundista, cuando hablan de los nativos franceses:

"Los franceses blancos siempre dicen: los barrios populares están en déficit de conocimientos, de conciencia política, hay que educarles. Ocultan a la sociedad sus privilegios. Es a ellos a quien la sociedad debe educar. Es a ese grupo al que nosotros llamamos souchiens (sub-perros), a quienes hay que inculcar la historia de la esclavitud y la colonización. Todos tenemos que compartir la cuestión de la identidad nacional. Son ignorantes. No conocen a Lumumba, Nyerere, Ben Barka... Luego dicen que hay que educar a los demás".

(Houria Bouteljda, Francia 2007)

Estudios recientes demuestran que casi el 50% de los extranjeros procedentes de África, incluidos aquellos a los que se le ha concedido la nacionalidad; no se perciben a sí mismos como franceses y mucho menos como europeos. Podríamos definir esta paradójica situación con el término: *"Disonancia identitaria"*. ¿Qué significado tiene? Es fácil de explicar, pero no tanto de entender; al menos, para los politicastros franceses. Los Macron, Sarkozy, Hamon y Mélenchons de turno siguen sin enterarse de que la teoría asimilacionista ha fracasado.

- **Disonancia identitaria**: *Dicho concepto tiene mucho que ver con la disonancia cognitiva, la cual se estudia en el campo de la psicología. La disonancia identitaria hace referencia a la tensión o conflicto que genera en el individuo, el tener que elegir entre dos sistemas en los que las ideas, la fe y las normas sociales son totalmente opuestas.*

La percepción de incompatibilidad que surge cuando un marroquí o argelino quiere preservar su "*yo ancestral*", en una sociedad occidental, es la principal causa del fracaso a la hora de integrarlos. Por norma general, se impone una cierta coherencia interna en este tipo de elecciones. El deseo de preservación de las diferencias étnico-culturales entre ellos y los "*otros*", termina por prevalecer sobre los anhelos de la casta política. La disonancia identitaria se hace más fuerte en cada nueva generación. El ideal segregacionista que subyace en el alma de las diferentes razas y pueblos que han ido a parar a Francia, choca frontalmente con los dogmas ideológicos del multiculturalismo. Esto es algo que los defensores del Plan Kalergi han tratado de remediar, promoviendo el mestizaje.

"Le métissage enrichit les sociétés, la consanguinité les tue" / *"El mestizaje enriquece las sociedades, la consanguinidad las mata".*
(Nicolás Sarkozy, 2 de octubre de 2014)

"L'intégration n'est pas un choix, c'est un devoir" / *"La integración no es una opción, es un deber".*
(Nicolás Sarkozy, 2 de octubre de 2014)

Como bien dejó claro el expresidente Sarkozy, a través de su cuenta de Twitter, el mestizaje y la integración de los inmigrantes no son una opción. El pueblo galo no tiene derecho a decidir, si quieren seguir manteniéndose "*franceses*"; es decir: *blancos*. El vil objetivo de los globalistas kalergianos es: *Oscurecer varios tonos la faz de la nación*. De nuevo tomaré prestadas las palabras de Nicolás Sarkozy, para poner sobre la mesa su intención de crear un híbrido étnico; salido de la mezcla de diferentes grupos humanos.

"¿Cuál es el objetivo? El objetivo es enfrentarnos al desafío del mestizaje, el desafío del mestizaje con el que Francia siempre ha estado familiarizada (...) Y al encontrarnos con el desafío del mestizaje, Francia ha de mantenerse fiel a su historia(...) Francia ha mestizado las ideas, las culturas, las historias (...) Francia es universal en la diversidad de sus orígenes. Damas y caballeros, ésta es la última cosa: Si la fuerza de voluntad de la República no funciona, será necesario para la República el adoptar medidas más contundentes. Pero no tenemos opción. La diversidad en las bases del país debe reflejarse, en la diversidad a la cabeza del país. No es una opción, es una obligación, un imperativo. No podemos obrar de otra forma, sin riesgo de encontrarnos a nosotros mismos enfrentados a considerables problemas. Debemos cambiar y vamos a cambiar".

Dicho discurso fue pronunciado por el expresidente de Francia el día 17 de diciembre de 2008, en el Palaisseu, durante el vil simposio titulado: *"Egalité des chances et diversité".* La obsesión de los políticos galos por encubrir el fracaso de la integración de los inmigrantes, les obliga a fomentar entre la población nativa e inmigrada las relaciones mixtas. La realidad multicultural que tratan de imponer implica, necesariamente, la imposición de medidas discriminatorias contra todo aquello que tenga que ver con el grupo primigenio. En pro de la inclusión y la cohesión social están destruyendo una cultura y raza centenarias.

Los promotores de la aberrante idea de que: *El mestizaje supone la salvación de la vieja Europa,* se equivocan rotundamente. Las relaciones amorosas que se dan entre ignorantes nativos e inmigrantes suelen estar influenciadas por los prejuicios de una de las dos partes. El rechazo hacia la sociedad de acogida termina por generar nocivas actitudes discriminatorias y, en algunos casos, violentas; contra el miembro de la pareja que no es extranjero. Sobre la influencia que comportamientos tan prejuiciosos tienen sobre los hijos, las investigaciones constatan que: Los vástagos mestizados terminan por sentirse, únicamente, miembros del grupo alógeno; invisivilizando o minusvalorando el 50% restante de su sangre. En base al color de la piel fundamentan su pensamiento excluyente, rechazando todo y a todos los que posean un fenotipo "*blanco*" o europeo; incluido a su progenitor nativo.

El creciente número de parejas mixtas en Francia no está facilitando la integración de la parte extranjera. Esta realidad que se da intramuros, puede explicar la escasa motivación por mejorar de los jóvenes llegados de hogares mixed. Los mestizos suelen sufrir la misma disonancia identitaria que afecta a las segundas y terceras generaciones de extranjeros nacionalizados. Sus identidades reactivas condicionan una respuesta negativa, de manera casi automática, contra los valores occidentales que los rodean. En su esquema mental monocromático solo existen dos bandos: *ellos (mestizos, negros, orientales, árabes...) y nosotros (los blancos).*

Podíamos decir que fue este mismo rechazo hacia lo que representaba Francia (*Disonancia Cultural*), lo que ocasionó en 1962 la independencia de Argelia. El 3 de julio de 1962 trajo una Argelia independiente de la mano de un plebiscito. La violenta lucha anticolonial que se estaba dando por toda África, también tuvo mucho que ver en la victoria del SÍ. La mayoría de la población argelina era racial y culturalmente árabe, aunque también existía un sector importante que se definía como:

bereber o tamazight. Los blancos o *pied-noir (en francés: pies negros)* siempre fueron una minoría étnica, a la que las demás razas miraban con recelo. En el punto más álgido de su fecundidad blanca, llegaron a representar el 15,2 % de la población total argelina. En la ciudad de Orán, por ejemplo, el censo indicaba que los pieds-noirs eran el 49,3 %. En la región de Argel representaban el 35,7 % del padrón y en Annaba llegaban al 40,5 %.

Durante siglos, Argelia había ido pasando de mano en mano: romanos, árabes, turco-otomanos, corona española y finalmente los franceses. Desde el principio, Francia trató de repoblar dicho territorio con colonos venidos del continente; tal y como hizo Portugal con sus provincias de ultramar. Argelia era un crisol de razas y culturas, en el que cada comunidad vivía segregada del resto. Nunca hubo una real cohesión nacional, en torno a la idea de que todos ellos eran franceses. Los conflictos inter-étnicos no tardaron en producirse. La Guerra de Razas incrementó su virulencia a partir de 1954, año en el que se fundó el *Frente de Liberación Nacional de Argelia (FLNA)*. El panarabismo ideológico de los rebeldes era incompatible con el cristianismo de los pieds-noirs y el secularismo francés.

La lucha anticolonial del FLNA contra el poder de la metrópoli, se basó en ataques indiscriminados en contra de la población civil blanca. Cafés, tiendas y escuelas a las que acudían los blancos, solían ser el objetivo de los guerrilleros pan-arabistas. Masacrando a civiles inocentes, buscaban debilitar la moral del resto de colonos; obligándoles así a abandonar Argelia, por temor a ser asesinados. La prensa internacional trató de minimizar las matanzas anti-blancas del FLNA, aduciendo que: *El verdadero culpable era el imperialismo francés, que se negaba a abandonar África.* Para algunos, sobre todo si son voceros de la doctrina marxista, existe un tipo de "terrorismo bueno" y es aquel que tiene como objetivo derrocar el poder occidental.

Mientras los musulmanes celebraban la independencia de Argelia, los pieds-noirs trataban de huir en masa hacia el continente europeo. Miles de ellos fueron cazados como alimañas por todo el país, ante la total indiferencia de la mema administración de Gaulle y de la comunidad internacional. Pistolas, cuchillos, hachas, piedras, palos y hasta aperos de labranza; cualquier utensilio era válido en aquellos sangrientos días, para dar muerte al blanco. Por toda Argelia se produjeron escenas dantescas, tal y como sucedería diez años después en mi Mozambique paterno. Los *harkis* (*musulmanes leales al poder francés*) también fueron víctimas de este exterminio. Un millón de harkis, judíos y europeos blancos se vieron forzados a marcharse. Pese a los *"Acuerdos de Evian"*, solo uno de cada cinco pieds-noirs decidió permanecer en Argelia; el resto emprendió el exilio hacia la metrópoli, para nunca más regresar a su tierra natal.

Los franceses actuales están empeñados en lograr que el pasado se repita. La dramática historia de los leales a Francia en África, parece que no les ha enseñado una crucial verdad natural:

"Cuando eres minoría en un territorio,
la mayoría es dueña de tu futuro".

En la Francia del siglo XXI, los tambores de la guerra racial comienzan a escucharse en los suburbios de Marsella o Toulouse. Franceses de raza blanca son atacados por todo el país, como antaño los pied-noirs lo fueron en Argelia. Existen barrios en los que ser blanco, se ha convertido en una profesión de riesgo. Parques públicos, redes de metro o locales de ocio son el territorio de caza de los *"nacionalizados"*; y los nativos que entran en sus lindes, lo hacen por su propia cuenta y riesgo. No hace falta ser muy perspicaz para percibir que existen *"áreas sensibles"*, de clara mayoría inmigrante; en las que rigen otro tipo de normativas diferentes, a las que se cumplen en el resto del país.

- **Zonas NO-GO**: *Lugares donde ni la policía se atreve a entrar para hacer cumplir la ley.*

Se calcula que, en toda la totalidad del territorio francés, existen más de setecientas cincuenta *áreas calientes* o *"no go"* en las que la jurisdicción del estado es prácticamente inexistente. En estos peligrosos avisperos habitan, principalmente, sujetos de origen musulmán. Los residentes de estas zonas de exclusión son tan violentos, que los trabajadores públicos franceses (*barrenderos, carteros, conductores de ambulancia…*) no se atreven ya a realizar sus funciones; si no los acompaña una escolta armada. En París y Marsella son donde más proliferan este tipo de asentamientos anárquicos. Las autoridades francesas han perdido el control de la situación. Su deslegitimación como gobernantes queda más que demostrada. No están dispuestos a tomar las medidas adecuadas, para volver a retomar el control de la República. Han claudicado por temor a ser tildados de racistas. Prefieren mirar para otro lado, mientras Francia es desgajada en pequeños reinos de taifas.

Estas zonas multiculturalizadas son el nocivo subproducto de décadas de permisividad y mano blanda. El progresismo les ha permitido crear sociedades paralelas; dinamitando la cohesión étnica, social y cultural de la nación. Les han dicho que pueden permanecer separados de la sociedad que les ha dado acogida, que su realidad importa más que la de los propios nativos. De molestos y harapientos invitados han pasado a convertirse en los gendarmes de la Sharia. Ellos no se han erigido en reyes, sino que han sido los políticos galos y la prensa desinformadora del sistema quienes los han subido al trono. La población musulmana se ha independizado por completo del estado. La ley islámica ha terminado por desplazar al derecho civil francés, a la hora de mediar en algún conflicto vecinal. Ciertos *"Banlieue de la République"* (*suburbios de la República*), se han convertido en los principales suministradores de carne yihadista. Es en suburbios *"no go"* como el de Saint-Denis, lugar en el que se ocultaba el terrorista: Abdelhamid Abaaoud; donde más fácilmente cala el mensaje de odio de los enemigos de Francia.

¿Por qué nosotros estamos unidos a Mohammed Merah (terrorista musulmán de origen argelino), como la cuerda lo está al ahorcado? No puedo negarlo, no puedo esquivarlo. Yo no puedo cavar un agujero para enterrar el tiempo que transcurre. Mohamed Merah soy yo y lo peor es que es verdad.

(Houria Bouteldja, Francia)

Vuelvo a traer a coalición el nombre de la activista: Houria Bouteljdja, para ejemplificar la simbiosis cohabitatoria que se da entre muchos migrados y los *mullah* radicalizados. Este siniestro personaje que milita en el movimiento antirracista francés (*traducido: movimiento antiblanco*), es a su vez la ex portavoz del: *Partido de los Indígenas de la República*. Para más inri, cabe mencionar que Houria es una argelina a la que se le concedió la nacionalidad francesa; pese a que desprecia, abiertamente, todo lo que Francia y Occidente representan. Cuando no está loando las acciones terroristas de su gente, esta militante *"antirracista"* se dedica, profesionalmente, a la difamación racial en contra de los blancos.

Ya cité con anterioridad las palabras que Bouteldja soltó en un debate televisivo en el año 2007, en el programa del canal France 3: *"Ce soir ou jamais"* (*Esta noche o nunca*); en el cual se estaba hablando de la nación francesa y de sus gentes. El término que utilizó para describir a los nativos blancos fue el de: *"souchiens"* o *"subperros"*.

Lo curioso de este caso en concreto, es que, tras ver como a Jean-Marie Le Pen (*fundador del Frente Nacional*) se le condenó por decir que: *"El Holocausto era un detalle de la historia"*; el mismo Tribunal de Apelación de Toulouse decidió absolver en 2012 a Houria Bouteldja del delito de: *"odio racial"*. Ni siquiera le impusieron una mísera multa, pese a que la *Agrif* (*Alianza General contra el Racismo y por el Respeto de la Identidad Francesa y Cristiana*) lo pidió insistentemente. Sin embargo, a Le Pen padre, los tribunales franceses le hicieron pagar 35.000 euros. En un acto inenarrable de birlibirloque argumentativo, la progresía francesa cacareó que el verdadero motivo de la denuncia contra Houria había sido: *La islamofobia ideológica del grupo Agrif*. Denunciar el racismo anti-blanco es fascista, según su opinión; por lo tanto, ella era inocente.

La prensa no se indignó tras conocer la sentencia del Tribunal de Apelación. Bouteljda es una de las hijas del multiculturalismo que tanto defienden. Cómo iban a criticarla por sus comentarios. Los *"souchiens"* eran los verdaderos culpables, por no haber sabido digerir el veneno antifrancés de este parásito argelino. Ridiculizar a los franceses étnicos le salió gratis a esta nacionalizada, al igual que nadie la condenó por loar a Mohammed Merah.

A estas alturas de la historia, pocos son los que no saben quién es el infame Mohammed Merah. Dicho personaje procedía de una familia de inmigrantes argelinos, que vivían en el sucio suburbio Bellefontaine de Toulouse; otra *"zona no go"* en la que los norteafricanos y subsaharianos conforman la mayoría de la población. Durante su adolescencia se fue a vivir a Les Izards, otro gueto multiétnico conocido por ser un gran supermercado de la droga. Tras abandonar la escuela se dedicó a cometer múltiples delitos menores, por los que fue detenido en varias ocasiones. ¿Y cómo es que un pequeño delincuente de la barriada de Les Izards, que no acudía a la mezquita, no respetaba el Ramadán, fumaba porros, le gustaban los coches e iba a las discotecas; se convirtió en un soldado de la yihad? Es muy sencillo de responder: *"disonancia identitaria"*.

No fue hasta que cumplió dieciocho meses por un delito de robo con fuerza, cuando Mohammed comenzó su radicalización religiosa. La disonancia identitaria que sufren los hijos de los inmigrantes norafricanos en Francia, empujó a Merah a leer el Corán; tratando así de reencontrar sus verdaderas raíces. Tras cumplir su condena, viajó a Afganistán en 2010 y a Pakistán en 2011. Todo esto se sabe con tanto detalle, porque el servicio de inteligencia francés comenzó a seguirle los pasos cuando fue detenido en Kandahar en el año 2010. Después de aquello, EEUU incluyó a Mohammed Merah en la lista de personas peligrosas que no podían volar al país. Primero se alistó en el Movimiento Islámico de Uzbekistán, que era el encargado de adiestrar a los *"nacionalizados"* que combaten a los cruzados. Una vez completó el adiestramiento regresó a Francia y en 2012 llevó a cabo su propia yihad. El 11 de marzo, Merah asesinó de dos tiros en la cabeza al paracaidista del 11º Regimiento: Imad Ibn Ziaten (*de origen marroquí*); al grito de:

"Tú matas a mis hermanos, yo te mato a ti".

Otros dos paracaidistas del 17° Regimiento de Montauban fueron víctimas de su odio. Mohammed Merah los acribilló a balazos, mientras sacaban dinero de un cajero situado al lado del cuartel. Un tercer soldado de origen caribeño, también resultó herido muy grave. De nuevo, dejó clara su motivación al exclamar tras cada muerte:

"Alá es grande".

Hubo un tercer ataque el lunes 19 de marzo. Merah llegó en moto hasta las puertas del colegio judío: Ozar Hatorah (*Toulouse*), y allí asesinó a un rabino y a sus hijos pequeños. Después mató, con total frialdad, a otra niña de 7 años que era hija del director de la escuela. Antes de ser abatido, Mohammed Merah contactó con el canal de noticias: *France24*, para reivindicar y justificar los siete crímenes cometidos. Su argumento fue el siguiente:

"Había querido vengar las muertes de niños palestinos. Quería cobrar un tributo de Sangre Cruzada en protesta por la prohibición del velo integral en Francia y la ocupación de Afganistán".

Aun cuando la policía lo tenía acorralado en su vivienda, quiso seguir lanzando sus soflamas. Se declaró miembro de Al Qaeda y dijo sentirse orgulloso de haber puesto a Francia de rodillas. Tan solo los disparos de la RAID consiguieron poner fin a toda aquella locura sangrienta.

Me he extendido tanto relatando este caso en particular, para detallar al lector quién era el tal Mohammed Merah, con el que la también argelina Houria Bouteldja parecía estar tan unida.

"Como la cuerda lo está al ahorcado.
No puedo negarlo, no puedo esquivarlo".

Esas fueron las palabras de la activista antirracista del Partido de los Indígenas de la República, la misma que salió impune tras llamar a los franceses blancos: *subperros*. Saquen sus propias conclusiones al respecto. Desde luego, yo ya tengo las mías. Esta gente muerde la mano de quienes les dan de comer. Se creen con derecho a exigir y esto debe cesar de inmediato.

Dicen que el ser humano es el único animal que es capaz de tropezar dos veces con la misma piedra. Sino, que se lo pregunten a los servicios antiterroristas franceses y a los legisladores galos. Ambos grupos han permitido que todo tipo de criminales, se cuelen dentro de las fronteras galas. Merah no era un lobo solitario. Tampoco fue el primero ni será el último de los "*nacionalizados*" que tomará las armas, para tratar de desangrar a Francia. Hagamos memoria y repasemos, uno por uno, casos similares al anteriormente expuesto.

- **3 de octubre de 1980:** *Hassan Diab, canadiense de origen libanés, colocó un paquete bomba en una sinagoga parisina de la rue Copernic. La explosión causó cuatro muertos y una veintena de heridos.*
- **29 de marzo de 1982:** *Atentado cometido por un pan-arabista nacionalizado venezolano, conocido por el sobrenombre del: "Chacal", en la línea de tren que cubría París-Toulouse. Cinco personas fallecieron.*

- **9 de agosto de 1982:** *Un comando de la "Organización por la Liberación de Palestina" entró en el restaurante Goldenberg, en la rue des Rossiers. ¿Resultado? Seis personas muertas y otras veintidós heridas.*

- **15 de julio de 1983:** *Ocho muertos y cincuenta y seis heridos en un atentado bomba en el aeropuerto parisino de Orly, perpetrado por un grupo armenio contra las líneas aéreas turcas.*

- **31 de diciembre de 1983:** *La Organización de la Lucha Armada Árabe colocó dos artefactos explosivos: uno en la estación de tren de Saint Charles, en Marsella, y otro en un tren de alta velocidad cerca de Drome; segando la vida de cinco personas.*

- **29 de marzo de 1985:** *El Movimiento de la Yihad Islámica atacó una sala de proyecciones en París, en la cual se estaba celebrando un festival de cine judío. La acción dejó dieciocho heridos.*

- **17 de septiembre de 1986:** *El Comité de Solidaridad con los Presos Políticos Árabes y de Oriente Medio reivindicó la explosión ocurrida en los Almacenes Tati, la cual ocasionó la muerte a siete personas.*

- **26 de julio de 1995:** *Militantes del Grupo Islámico Armado (GIA) colocaron una maleta bomba, bajo una de las sillas de un vagón de un tren suburbano, en la estación de metro de Saint Michel. Cuatro personas murieron y otras sesenta resultaron heridas aquel día.*

- **3 de diciembre de 1996:** *Integristas argelinos detonaron una bombona de gas, rellena de pólvora y clavos, en la estación de Port Royal. Cuatro muertos y ochenta y tres heridos fue el saldo que se cobró la acción.*

- **11, 15 y 19 de marzo de 2012:** *En tan solo tres días, Mohammed Merah se llevó por delante la vida de tres niños y cuatros adultos antes de ser abatido por las fuerzas policiales.*

- **22 de diciembre de 2014:** *Al fanático grito de: "Allahu Akbar", un terrorista que conducía una furgoneta blanca comenzó a atropellar a los visitantes del mercado navideño de la ciudad de Nantes; matando a una persona e hiriendo a otras diez.*

- **7 de enero de 2015:** *Los hermanos Kouachi asaltaron la redacción de la revista satírica: Charlie Hebdo, asesinando a doce personas y dejando a otras once heridas, como represalia por haber publicado una caricatura del Profeta Muhammad.*

- **8 de enero de 2015:** *Amedy Coulibaly, "nacionalizado" de Mali, ejecutó de un balazo a un policía municipal y después asaltó un supermercado khoser; matando a cuatro de los rehenes que tomó.*

- **13 de noviembre del 2015:** *Ciento treinta muertos y trescientos cincuenta y dos heridos fueron el resultado dejado por seis ataques terroristas encadenados, que sembraron el pánico en la ciudad de París. Lugares que fueron atacados por los terroristas del Estado Islámico: restaurante "Le Petit Cambodge", el local "Belle Équipe", el bar "Le Carillon", el Boluevar Fontaine y la sala de conciertos de Bataclán. Fue en este último lugar, en el que los terroristas dieron rienda suelta a todo su sadismo. Pese a que la prensa trató de ocultar la realidad de los hechos, una vez más; con el tiempo hemos sabido que muchas de las víctimas que estaban esa noche en Bataclán, fueron sometidas a todo tipo de sádicos tormentos: decapitaciones, mutilaciones genitales, violaciones y torturas. Informes policiales que el gobierno* francés censuró, cuentan lo siguiente: "El cadáver de un joven tenía los testículos en la boca y se le había arrancado un ojo. Varias mujeres fueron apuñaladas a la altura de los genitales. Encontramos muchas personas destripadas, degolladas y decapitadas. Después abusaron brutalmente de las mujeres con rasgos más blancos, llegando a introducirles palos por la vagina". Los culpables de tales atrocidades fueron Ismail Omar Mostefaï y Samy Amimour, ambos "nacionalizados"; y Foued Mohamed-Aggad, otro sucio "nacionalizado" nacido en Estrasburgo. Ni que decir tiene, que ningún cargo político fue juzgado por haber tratado de ocultar la verdad de los hechos ocurridos en Bataclán.

- **13 de junio de 2016:** *Larossi Abballa, condenado por yihadismo en el pasado, asesinó a cuchilladas a un policía y a su mujer en el barrio residencial de Magnanville, al oeste de París.*

- **14 de julio de 2016:** *Ochenta y cuatros personas perdieron la vida y otras cincuenta quedaron heridas en estado crítico, después de que un tunecino nacionalizado (Mohamed Lahouaiej Bouhlel) robara un camión y comenzara a embestir a los peatones en el paseo de los Ingleses de Niza.*

- **3 febrero 2017:** *Un egipcio de 29 años, procedente de Dubai, entró armado con un machete en el museo del Louvre mientras gritaba: ¡Alá es grande!*

- **18 de marzo de 2017:** *El tunecino nacionalizado: Ziyed Ben Belgacem fue abatido en el aeropuerto de París-Orly, después de que intentara sustraerle el arma a un militar.*

Tras este extenso informe en el cual relato, con pelos y señales, las negativas consecuencias que tiene el permitir la inmigración masiva y descontrolada; todavía hay quienes niegan que el estado francés esté en estado de guerra, por culpa de sus propios "*nacionalizados*". Aplicar el *Ius Soli* en individuos con "*disonancia identitaria*, le está costando caro a Francia. ¿Cuántas vidas de inocentes nativos deben ser sacrificadas, para que los politicastros se den cuenta de que la convivencia entre autóctonos y foráneos es inviable? Por lo visto, aún pueden morir cientos de miles de franceses blancos.

La preocupación principal para la prensa y para el ejecutivo del ex Primer Ministro François Hollande no son los "*nacionalizados*" que realizan la yihad en su país, sino el auge del partido dirigido por Le Pen hija. Veamos pues la opinión que tiene Jean-Luc Mélenchon, eurodiputado del Partido Socialista Francés, nacido en Tanger (*Marruecos*); sobre la situación del país. Como leeréis a continuación, Mélenchon prioriza el tema del Frente Nacional por encima de la oleada de crímenes, atentados y violaciones masivas que se están dando en Francia.

"Marie Le Pen no da ni una. Tanto es así, que no se ha enterado de que el país ha cambiado. Ha cambiado y estamos contentos, ella ahora lo tiene peor. Estamos contentos, pues somos el pueblo número uno en cuento a matrimonios mixtos. Es formidable. Estamos muy contentos y si usted quiere, le leo la lista de nacimientos. El Diario Regional Francés Alsaciano la ha publicado, la tengo aquí. Lo he leído esta mañana y me ha hecho feliz. Los nuevos franceses tienen una variedad de nombres muy exóticos. Sí, le amargaremos la vida a Le Pen".

(Jean-Luc Mélenchon, Partido Socialista Francés)

Es por culpa de políticos como Mélenchon, que más de la mitad de los franceses blancos se sienten discriminados. Cómo no van a brindar su apoyo en las urnas al Frente Nacional, si éstos son los únicos que se preocupan por los intereses de los nativos. En Francia es muy difícil romper el tabú étnico, cuando eres nativo. Los blancos no tienen un *Consejo Representativo de Asociaciones Negras de Francia* (*CRAN*), que es el encargado de señalar el nivel de discriminación del que son víctimas en el día a día. La ley dice que el estado francés tiene prohibido favorecer por el origen, el color o la religión de sus ciudadanos; pero, a su vez, aplica la discriminación positiva que tanto perjudica a los nativos. La persecución de todo aquel que apoye las políticas del Frente Nacional de Marie Le Pen, pone en evidencia el grado de discriminación que sufren los franceses blancos de tendencia patriótica. Le Pen es la única política que se ha atrevido a abrir la podrida manzana multiculturalista, para lanzar el debate sobre la necesidad de poner fin a las políticas de discriminación positiva. En Francia está casi prohibido criticar el modelo social asimilacionista, el cual permite la creación de un universo paralelo en el que las comunidades de inmigrantes y *"nacionalizados"* viven ajenas a la ley francesa. Esto es algo con lo que el Frente Nacional quiere acabar. Por eso, los defensores del humanismo kalergiano ponen el grito en el cielo cada vez que ella da su opinión.

Los franceses blancos han aprendido que, para que el sistema los tenga en cuenta, deben apoyar a alguien que en verdad los represente. El Frente Nacional se encarga de mostrar al mundo la miseria que aflige a los nativos; los cuales malviven en una sociedad biempensante que se escuda en el buenismo multiculturalista, para ignorar los problemas de los blancos. Marie Le Pen ha respondido a las llamadas de auxilio del famélico y asustado pueblo francés. Ella es la que mejor entiende la importancia de lograr una Francia fuerte y unida que defienda y cuide de todos sus hijos por igual. Por eso, los defensores del Plan Kalergi la odian tanto. No pueden permitir que Francia y su pueblo vuelvan a recuperar el orgullo patriótico que les ha sido arrebatado. Todo debe seguir tal y como está ahora, sin que nadie cuestione las evidentes injusticias del sistema multiculturalista. Y es que, desde el comienzo de la *"Crisis de los Refugiados Sirios"* orquestada por las élites dominantes mundiales, la exclusión de la población nativa blanca se ha agravado.

Los poderes fácticos, defensores acérrimos de las tesis racistas de Kalergi, han dado una vuelta de tuerca más al asunto migratorio. Oficialmente, Francia se ha comprometido a acoger para este 2017 a unos treinta mil refugiados de los campamentos instalados en Turquía, Grecia e Italia. De llegarse a dicha cifra, esta debería ser sumada a la de los miles de inmigrantes que han llegado, hasta la fecha, al país por sus propios medios. Solo en 2016, unas cuarenta y siete mil personas solicitaron asilo. Esto ha obligado al gobierno francés a abrir nuevos centros de acogida, con capacidad de ocho mil quinientas plazas. En la comuna de Loubeyrat, situada en la región de Auvernia, se abrirán hasta tres centros pese a la oposición vecinal.

La realidad es que faltan hospedajes para tanto inmigrante. El ministro francés de Interior: Bernard Cazeneuve, quiere promover la *"acogida ciudadana aleatoria"* de refugiados en viviendas particulares. El Ministerio de Vivienda Francés será el encargado de dar vida a este trasnochado plan. Para hacer más atractiva la idea a quienes tengan pensado participar en dicho proyecto, se les gratificará con 1.500 euros por cada refugiado alojado. La tarea de los alojadores consiste en acoger al mayor número de migrantes posible, durante un tiempo estimado de tres meses a un año. Los costes del seguimiento médico, la inscripción en la seguridad social, las clases de francés y la inserción profesional del refugiado saldrán también del bolsillo del contribuyente.

En espera de ser redireccionados, los demandantes de asilo han hecho de regiones como la de Calais su hogar. Antes de la crisis artificial de los supuestos refugiados sirios, Calais poseía un gran atractivo turístico al estar enclavado al borde del Canal de la Mancha. La industria del turismo y el intercambio de mercancías por vía marítima con Inglaterra, la convirtieron en la joya de la corona gala. Pero tras ser multiculturalizada por los refugiados, los cuales no paran de llegar por su propio pie; se ha terminado por convertir en un agujero infernal para los nativos franceses. Calais es conocida en la actualidad por el sobrenombre de: "*La Jungla*", gracias al inmenso campamento ilegal que han montado decenas de miles de migrantes.

La Jungla es un peligroso y oscuro avispero sin ley, levantado en el corazón de la decrépita y acobardada Europa. Pocos rostros sirios se ven allí. La mayoría de sus habitantes son: eritreos, sudaneses, iraquíes y afganos. El plan de la mayoría es cruzar al Reino Unido, atravesando el canal de la Mancha; pero su momento no llega. Mientras tanto, se dedican a martirizar a los setenta y dos mil franceses que viven a escasos cinco kilómetros. La Jungla de Calais se está convirtiendo en un fortín casi inexpugnable, una prolongación chabolista de África y Oriente Medio en pleno Occidente. Tiene una extensión de más de un kilómetro de largo, por medio de ancho. Cuenta con una mezquita, tiendas, burdeles, bares y retretes móviles. Incluso, gozan de grifos de agua corriente para asearse o llenar las garrafas. Ni que decir tiene, que disfrutan de este servicio de manera totalmente gratuita. Las ONGs financiadas por el magnate Soros se encargan de llevarles comida, dinero y ropa.

La población nativa tiene miedo. Muchos, incluso, no se atreven a dar la cara por temor a represalias. Calais es una región literalmente asediada por un ejército extranjero. La mayoría de los seudo refugiados son hombres fuertes, en edad militar, que no dudan en emplear la fuerza para conseguir lo que quieren. Con razón, la comarca del Pas-de-Calais es uno de los feudos del FN. Sus habitantes están hartos de ser siempre las víctimas y que los moradores de "*La Jungla*" sean sus verdugos. Motivos no les faltan, para querer bien lejos a sus indeseables vecinos. La racaille tercermundista detiene a los camiones para robarles sus mercancías, ocupan casas aunque éstas no estén vacías, apedrean los coches de los residentes, cometen multitud de crímenes sexuales…

La solución para acabar con tanto desmán es bien sencilla: *aplicarles la "manu militari" y reenviarlos de vuelta a sus países de origen*. Salvo el Frente Nacional, ningún otro partido parece querer poner orden. Traidores como el teniente alcalde del ayuntamiento de Calais: Emmanuel Agis siempre ha habido y, por desgracia, los habrá. Su partido, la conservadora UMP, se ha empeñado en fingir que allí nada malo sucede. El discurso buenista que practica Agis poco o nada se diferencia del de Hollande o del comunista Mélenchon. Según él, los cetrinos inmigrantes que deambulan por el municipio se comportan correctamente. En cambio, sí que culpa al Frente Nacional de generar un conflicto inexistente. Al final, el pensamiento de Agis y de la UMP se resume en lo siguiente:

"Si algún francés cuestiona o señala los fallos del sistema multiculturalista que les quieren imponer,
lo hace movido por el racismo".

Ante las crecientes críticas y por temor a que la situación de Calais influya en los comicios electorales de este año, el Ministerio del Interior del gobierno de Hollande ha prometido encontrar una rápida solución al problema de "*La Jungla*". ¿Qué significa esto? Pues que van a tratar por todos los medios de que Londres, pendiente aún de su salida de la Unión Europea tras la victoria del Brexit; se comprometa a permitir el paso de más demandantes de asilo a su territorio. También han empezado a tramitar expedientes de expulsión, aunque de manera tímida. Hasta la fecha, unos mil quinientos inmigrantes económicos que se encontraban en Calais han sido deportados. Un número de expulsiones tan ínfimo no va a ayudar a paliar el problema y menos cuando se practica de cara a la galería. Fingen mano dura frente a la inmigración ilegal durante el periodo electoral, para inmediatamente volverle la cara al problema, una vez los votos de los ciudadanos han quedado depositados dentro de las urnas.

Francia se encuentra en una encrucijada de vital importancia. Los franceses nativos deben decidir qué quieren ser: *Una minoría dentro de su propio país o la población mayoritaria*. La República está en manos de políticos corruptos, traficantes de drogas, bandas de norteafricanos, imanes radicales... El odio contra todo lo francés es cada vez más sangrante. Uno de cada cinco nativos blancos ha sido víctima de insultos y agresiones racistas en el último año. Y las zonas "*NO-GO*" en las que esto sucede, no se van a recuperar sin luchar.

El experimento multicultural en Francia ha fracasado de manera estrepitosa. La libanización de la República se acelera. La opción de derramar sangre para conseguir liberarla es más que posible, tal y como están las cosas. Quienes no estén preparados para la guerra racial que se avecina, no verán el día de mañana. Los franceses han de luchar si quieren sobrevivir. La aria Dama de la Libertad pintada por Eugéne Delacroix, debe volver a guiar a su pueblo.

GRECIA

"El pueblo griego ha de ser humillado, esclavizado y destruido"; esa es la orden dada por los globalistas kalergianos de la Troika y se puede apreciar cómo se está llevando a cabo con total eficacia. Al igual que Roma hizo con Cartago, los mundialistas kalergianos no quieren que quede piedra sobre piedra en territorio heleno. Utilizan la fuerza y la coacción económica para doblegar la voluntad popular. Se valen de la táctica de tierra quemada, externalizando la industria y la economía, para arrebatarles las esperanzas de futuro a los griegos. Hasta que el último de ellos no haya asumido que son esclavos de los poderes fácticos, no cejarán en su empeño destructor.

Las instituciones políticas griegas hace mucho que han dejado de servir al pueblo, para centrarse, en exclusiva, en cumplir las órdenes dadas por los gerifaltes del Nuevo Orden Mundial. Los dirigentes helenos se suceden en el cargo tras cada elección, pero nada cambia. Se turnan la cómoda poltrona del poder, muy democráticamente; tratando de aparentar normalidad y juego limpio. La verdad es que mientras rojos y azules bailan el vals marcado por los votos salidos de las urnas, el pueblo que los deposita es lanzado a los pies de los caballos del imperio en la sombra que dirige Europa y el mundo occidental. Quienes participan en la farsa democrática griega, quieren subirse al carro del vencedor; el cual, no es otro que el de los defensores de la paneuropa kalergiana. Las portadas de los periódicos y los telediarios tratan de anestesiar a la masa, desinformándoles con el siguiente mantra: *"Todo va bien, la culpa es de los nazis"*. Buscan que cada individuo siga dormitando en su hogar, sin cuestionar el poder de la cruel oligarquía dominante.

Grecia es, en la práctica, un estado fracasado y quebrado. A las mujeres helenas les son arrancados a la fuerza sus hijos, para que éstos sirvan como esclavos de la troika; igual que antaño lo fueron también de los emperadores otomanos. De inmediato, a esos jóvenes se les deseduca para evitar que florezca en ellos la semilla patriótica; la cual puede llevarlos a reclamar su libertad, algún día. A los sumisos se les coloca el yugo de los vencidos, para que no olviden cuál es su lugar. Los ancianos a los que ya no les queda fuerza-trabajo para vendérsela al opresor, encuentran en la mendicidad la única vía posible para llevarse un trozo de pan duro a la boca. ¿Y las niñas y mujeres griegas? ¿Qué ocurre con ellas? Terminan convirtiéndose en sumisas y harapientas meretrices.

Está grabado a fuego en el Talmud kalergiano, por el cual se rigen los burócratas de Bruselas, que:

"Grecia nunca más volverá a recobrar su libertad".

Sobrevivir dentro del marco legal de la Unión Europea se ha convertido en una amarga y titánica hazaña, que desloma a aquellos griegos que tratan de sobrellevarla. Ni aunque cada heleno viviese doscientos años y cotizase más de la mitad de esta longeva vida, su gobierno podría hacer frente a la deuda que los mezquinos mercaderes de la troika les exigen. Generaciones que todavía no han nacido, se verán obligadas a pagar unos intereses exorbitados; fruto de unos préstamos que nunca pidieron. El totalitarismo financiero que ahoga a la patria de Sócrates y Aristóteles, tiene un sustrato mesiánico-ideológico que algunos parecen querer ignorar. El dinero que los políticos griegos pidieron a la Troika, tiene un dueño o dueños; a los cuales no les interesa que, simplemente, éste les sea devuelto. Ya poseen la titularidad de los astilleros helenos, de sus islas, puertos y aeropuertos. Entonces: ¿qué les queda a los griegos por entregar a los califas del Nuevo Orden? Su libertad como pueblo, su derecho a existir.

Grecia, junto con Suecia, han sido las primeras víctimas que se ha llevado por delante *"La Gran Conspiración anti-Europea"*. Ambos países han servido como laboratorio de pruebas, en los que se han aplicado las tesis de los ideólogos kalergianos. Doctos testadores progresistas han medido las reacciones de los ciudadanos suecos y helenos, apuntando en su bloc de notas qué derechos reivindicaban cuando se les eran arrebatados y cuáles no. Les han dado a elegir si preferían libertad o una vida sin sobresaltos, si querían la mezcolanza o el segregacionismo. Una vez concluido el estudio, ellos, los Amos del Pensamiento, han marcado las nuevas reglas que regirán por decenios el juego. Ocurra lo que ocurra, siempre terminarán ganando. Para algo han estudiado todas las variables posibles.

Antes de pasar a abordar el trauma histórico-racial griego, es decir: *su conflictiva relación con el cetrino Imperio Otomano*; me gustaría aportar unas simples cifras, que vienen a confirmar lo anteriormente expuesto.

"Grecia es víctima de la Gran Conspiración anti-Europea".

Algunos de mis lectores tendréis una falsa imagen de lo ocurrido durante la crisis helena, aunque yo más bien lo llamaría: *estafa piramidal.* Los medios de desinformación masiva han pintado a dicho país como: *"el paraíso de los zánganos, la cuna de los despilfarradores o el hogar de los subvencionados".* No seré yo quien niegue a estas alturas, que los gobernantes griegos cometieron demasiados abusos económicos. Dicho esto, conviene aclarar que existe una realidad paralela a la historia oficial; la cual nos ha sido ocultada con mucho éxito.

Los datos sobre la fiscalidad y gastos proporcionados por la OCDE demuestran que los ingresos vía impuestos en la Grecia precrisis, eran muy similares a los de la media de la Eurozona. Poniéndonos puritanos, desde un punto de vista keynesiano, hasta podríamos afirmar que en el país heleno la carga de impuestos sobre los bienes de consumo y el trabajo era algo excesiva; si tenemos en cuenta que en un país con mayor renta per cápita como Alemania, la presión tributaria es mucho menor.

País	Consumo	Trabajo	Capital
Alemania	0,124	0,381	0,181
Grecia	0,148	0,419	0,164

Conviene también detallar los gastos de "*lo público*" para desmontar, de una vez por todas, la teoría oficialista que nos cuenta que: "*Grecia era un país subvencionado en casi todos sus sectores*". Si bien es cierto, al observar la distribución del gasto griego y contraponiéndolo con el alemán, vemos que las partidas públicas del país heleno pecaban de alcistas. Tampoco conviene olvidarnos que, en naciones como España o Grecia, el estado cubre y ofrece más servicios gratuitos que su homólogo germano; debido a la imperiosa necesidad de paliar la falta de poder adquisitivo de los habitantes del Mediterráneo.

	Consumo Público	Inversión Publica	Sueldos y Salarios	Transferencias
Alemania	40,24%	4,32%	17,12%	38,32%
Grecia	44,67%	10,32%	24,41%	20,55%

Sabiendo esto, cabría preguntarse: ¿qué es lo que hizo mal Grecia, para terminar en el oscuro agujero económico en el que está? Yo diría que:

"Confiar en el buen hacer de los políticos que el sistema les ofrecía".

Con los primeros coletazos de la crisis financiera mundial, se agravaron los problemas que había traído su inclusión en el euro. El famoso *"redondeo"*, como lo llamamos en España, disparó el precio de los bienes de consumo; y al variar los tipos de cambio fijo, se elevaron los intereses generados por la deuda pública contraída cuando todavía estaba en vigor el dracma (*moneda griega sustituida por el euro*). Una moneda más *"cara"* (*euro*), supuso la desaceleración de la actividad económica generada por la *"demanda final"* (*comida, trasportes, bienes y servicios…*); con lo cual, la recaudación del estado vía impuestos también decreció. Aclarar que la *demanda final* está integrada por el valor de las compras que realizan los consumidores finales *(familias y administraciones públicas),* de los bienes y servicios generados por las unidades productivas.

Al disminuir el flujo económico que entraba en las arcas del estado, vía impuestos indirectos, el gobierno griego se vio obligado a endeudarse aún más para hacer frente a los pagos contraídos con sus acreedores. Fue una solución rápida e ineficaz para un problema complejo. El escaso fondo de maniobra del gobierno heleno vino a confirmar, la debilidad de los gobiernos democrático-occidentales de la cuenca mediterránea. El *"stock de seguridad"* indicaba que estaban en números rojos, debido a su incapacidad para hacer frente a los nuevos compromisos de pago. No se sabe muy bien el por qué, o más bien sí, pero la Troika ignoró el *"Cash Flow"* negativo que alertaba de la falta de liquidez y volvió a prestar dinero a los griegos; para que pagasen los intereses de la deuda, que habían contraído anteriormente con la misma Troika.

No conviene sacar ideas precipitadas ante este hecho, ya que el adeudo iba a quedar bien amortizado. Como era de esperar, sus fiadores (*la Troika*) no fueron para nada comprensivos ni mucho menos indulgentes. Habían desembarcado en Grecia para hacer negocio. El FMI y el politburó de Bruselas antepusieron el pago de la deuda al bienestar de la población helena. Los mercados sonrieron satisfechos, ante el jugoso negocio que suponía la compra de la deuda pública griega. Pese a sus altos y bajos, el bono heleno ha vuelto a cotizar al 10% y todo indica que seguirá subiendo. El tercer acuerdo que la Troika logró en julio de 2015, junto con un nuevo programa de ayuda para Atenas, fue el impulsor de esta cotización alcista. La banca siempre gana y más cuando, quienes la controlan, son aquellos que ya sabemos.

El gobierno del amigo de los podemitas españoles: Alexis Tsipras, tuvo que plegarse sin condiciones a los dictámenes de la Troika. El impago de la deuda contraída con el FMI es un escenario imposible, ya que la administración de Syriza vive bajo la amenaza permanente de ser militar y económicamente intervenidos. Pese a que los técnicos del politburó de la Troika saben, desde hace años, que los intereses generados por la deuda griega son absolutamente impagables; siguen espoleando a las marionetas del Consejo de los Helenos, para que aprieten aún más la soga que asfixia al pueblo griego. Los acreedores se niegan en redondo a una nueva quita. Defienden que los vencimientos retrasados y extendidos pueden ser abonados con islas, empresas públicas y concesiones mineras. A la Troika no le importa el drama humano que está generando en el extrarradio de la península del Peloponeso.

Nunca se debe aceptar la ayuda de un usurero, pues siempre termina costándote mucho más caro el devolvérsela. La limosna de la Troika ha arrebatado la libertad de acción y elección a la nación griega. En la actualidad, el gobierno de Tsipras baila al son que le marcan los músicos de Bruselas; tal y como antaño sus antecesores cedieron ante las exigencias de Murad I. No me cansaré de repetirlo:

"Hay que tomar nota de los hechos pasados,
para evitar caer en los mismos errores".

Las malas acciones de los políticos griegos han conducido a su pueblo a la esclavitud. No tienen que remar en galeras, dormir en barracones o perecer en las minas de sal; pero si cotizar hasta casi los setenta años, trabajando por sueldos de miseria. Así es la tiranía del mundo moderno; no tan sangrienta, pero no por ello menos cruel. Siglos llevó a los griegos el librarse del dominio turco y ahora, en pleno siglo XXI, han vuelto otra vez a la casilla de salida. Luchas encarnizadas, repletas de asedios, batallas y masacres de civiles fueron el tributo exigido para lograr la libertad perdida. ¿Quizás los helenos actuales están dispuestos a repetir la misma gesta, para quitarse el yugo de la Troika?

Conviene recordar que, a comienzos del siglo XIX, Grecia llevaba a sus espaldas el peso de quinientos años de dominio y opresión otomana. Durante aquel maldito medio milenio, hubo muchos Tsipras dispuestos a servir al régimen turco. Frente a la posición de privilegio de la que gozaban las élites vendidas al invasor, los griegos del interior malvivían sometidos a todo tipo de abusos por parte de la corrupta administración ocupante. ¿Os va sonando de algo esta historia?

El poder otomano castigaba con brutalidad a los disidentes; tal y como, hoy en día, hace la justicia a sueldo de la Troika con los militantes de Amanecer Dorado. Pese a ello, el hambre, la rabia y el sentir patriótico pudieron más que el miedo, la represión y la muerte. Siguiendo la llamada del arzobispo de Patras, miles de humildes campesinos se lanzaron a hacer la Guerra Santa contra los turcos. Fue el pueblo quien luchó para salvaguardar la independencia de la patria, mientras que sus corruptos dirigentes comadreaban con el opresor. Si la Troika responde con penas de cárcel y privatizaciones forzosas, el sultanato otomano hacía frente a la revuelta ejerciendo una indiscriminada y sangrienta represión. La población griega fue masacrada en muchas ciudades. Los patriarcas ortodoxos fueron castrados y ahorcados. Y los supervivientes terminaron vendidos como esclavos en los mercados de Oriente. Pese a las bajas sufridas, las fuerzas griegas no cejaron en su lucha hasta alcanzar la victoria en el principal baluarte turco: Trípoli.

Los militantes de Amanecer Dorado están obrando de igual manera, al plantar cara a un injusto y tiránico sistema; el cual trata de mantener en el ostracismo político a la alternativa patriota.

Resultados obtenidos por Amanecer Dorado (1994-2015):

- *Elecciones al Parlamento Europeo (1994): 7.242 votos (0.1%).*
- *Elecciones Parlamentarias (1996): 4.537 votos (0.1%).*
- *Elecciones al Parlamento Europeo (1999): 48.532 votos (0,7%).*
- *Elecciones al Parlamento Europeo (2009): 23.566 votos (0.5%).*
- *Elecciones Parlamentarias (2009): 19.636 votos (0.3%).*

- Elecciones Municipales (7 de noviembre de 2010): 20% del apoyo de los votantes que acudieron a las urnas.
- Elecciones Nacionales Griegas (6 de mayo de 2012): 440 992 votos (7%).
- Repetición de las Elecciones Nacionales (17 de junio de 2012): 6,92 % de los votos.
- Elecciones Municipales (2014): 8,1% de los votos.
- Elecciones al Parlamento Europeo (2014): 9.4 % de los votos.
- Elecciones Parlamentarias (2015): un 7% de los votos.

Es cierto que el triunfo final de Amanecer Dorado está lejos de producirse; pero, siendo la cuarta fuerza del panorama político actual, han logrado asentar los cimientos de la nueva Grecia independiente. No se pueden esperar grandes éxitos políticos o militares durante la fase embrionaria de la revolución nacional. La Troika tiene poderosos aliados que apoyan su causa; al igual que el sultán Mahmut II tuvo al pachá Mohamed Alí, señor de Egipto, para aplastar a los revolucionarios griegos. En 1827 nadie apostaba ya por la victoria de los insurrectos helenos; los cuales habían quedado confinados en zonas remotas, a la espera de que les asestaran el golpe definitivo. Pero la historia nos demuestra que esto no sucedió.

La hermandad racial que une a las naciones europeas, fue lo que vino a salvar del desastre a los bravos rebeldes griegos. Puede que existiesen segundas intenciones en el envío de ayuda y tropas como, por ejemplo: el relevo de los papeles coloniales en el tablero geopolítico internacional. Dejando a un lado las viejas rencillas chauvinistas, que tanta sangre hicieron verter en nuestro continente; los europeos se alinearon para frenar al caduco imperialismo otomano. El sultán debía reconocer la independencia de los pueblos blancos que mantenía bajo su dominio. No fue hasta la derrota de la armada turca en Navarino, la invasión anglo-francesa del Peloponeso y la ofensiva rusa en Adrianópolis; que el sultanato reconoció que había sido derrotado. Y es que, a los tiranos siempre les cuesta dejar el poder.

El Tratado de Adrianópolis trajo la independencia a Grecia, pero, con la firma en agosto del 2015 del tercer rescate de la Troika, los helenos han vuelto a convertirse en siervos de un poder extranjerizante y opresor. Ya ni siquiera son dueños de sus propias fronteras. El gobierno de Syriza no tiene potestad para decidir quién entra y quién sale. Los poderes fácticos necesitan de *"estados vasallos"* cercanos a Oriente, para manejar el flujo migratorio a su antojo. Turquía es la encargada de abrir las compuertas a la oscura marea humana de refugiados y Grecia es el conducto canalizador desde donde los redirigen hacia los diversos países europeos.

Solo en 2015, un millón de refugiados cruzaron el Egeo. Las fuerzas policiales griegas apenas pueden hacer frente a la llegada masiva de miles de: afganos, iraquís, sirios, etíopes... Desde el mes de enero hasta el mes de agosto del año 2016, el número de ilegales que entraron a Grecia desde Turquía ascendió a doscientas ochenta y seis mil personas. La realidad de dichos datos nos indica que un país de apenas once millones de habitantes, como los es Grecia, ha acogido en solo medio año a casi el 2,6% del total de su población.

El flujo migratorio no se desacelera sino que se intensifica. Nada parece detener a esa hambrienta marabunta de tchandalas tercermundistas. Si comparamos los años 2015 y 2014, vemos un incremento en la llegada de migrantes de un 251%. Y si tomamos como referencia el año 2013 y lo equiparamos con el pasado 2016, la entrada de ilegales aumentó hasta un 530%. La población helena que habita en las islas del Egeo oriental, es la que más sufre las consecuencias de esta invasión planificada. La oleada de migrantes que arriban en las costas griegas, ha traído consigo el caos a las islas de Kos, Rodas y Lesbos. Hay que tener en cuenta que la población nativa del archipiélago de Dodecaneso, no supera las trescientas veinte mil personas; cifra muy similar a los doscientos ochenta y seis mil migrantes que acogió Grecia en el primer semestre del 2016. Apenas cuatro kilómetros separan al Dodecaneso de la siempre intrigante y expansionista nación turca; y eso está facilitando la invasión. La llegada constante de centenares e incluso miles de refugiados, por día, ha terminado por espantar a los turistas. El impacto económico a nivel local que ha supuesto el conflicto de los seudo refugiados sirios, ha llevado a la quiebra a decenas de empresas griegas que se dedicaban al sector servicios.

Pondré las cifras sobre la mesa para que el lector pueda hacerse una idea, de lo que allí está sucediendo. Solo en 2015, en la isla de Kos, hubo más de ciento setenta y ocho mil cancelaciones en reservas de habitaciones de hoteles, apartamentos y otros alojamientos. Esto representa un incremento del 400% de las cancelaciones que hubo, por ejemplo, en el año 2014. Las pérdidas que la crisis de los refugiados ha ocasionado a la economía privada de Kos, se han estimado en unos siete millones de euros. No se detiene aquí esta sangría de dividendos. El volumen del negocio que rodea al sector servicios que se ofrece en las islas del mar Egeo (*alimentación, ocio nocturno o excursiones marítimas),* también se ha visto reducido en un 30%.

La bajada del negocio del turismo repercute, negativamente, en la recaudación del estado *(vía impuestos* indirectos). El escaso margen de maniobra que la Troika le otorga al gobierno títere de Syriza, conduce a que el sistema público griego esté esquilmando sus exiguos ahorros; al tratar de satisfacer las demandas kalergianas. ¿Y en qué se va, concretamente, lo poco que consiguen "*recolectar*" a la fuerza? En acoger, alimentar, educar y hospedar a cientos de miles de ilegales.

Para la gestión de la oleada de refugiados e inmigrantes que han quedado varados en la región de Quios, el gobierno de Tsipras se ha visto obligado a destinar 1.440 millones de euros para su manutención. Con esta partida, además, se pretende cubrir el sobrecoste de la construcción de un centro de acogida valorado en más de 260.000 euros. Para la isla de Leros, en el archipiélago de Dodecaneso, se destinaron 40.000 euros para la remodelación de su albergue para extranjeros. La creación de nuevos centros de recepción y atención para los refugiados en Lesbos, le costó al erario público heleno 947.000 euros. Y 300.000 euros se fueron en Kot, en atender las necesidades de los inmigrantes.

No conviene olvidar que todo ese dinero sale, y ha salido hasta la fecha, de los roídos bolsillos del contribuyente. La hemorragia económica que está causando la famosa "*crisis de los refugiados*", lastra aún más la recuperación griega. A la Troika no parece importarle el hecho de que, disponiendo de los mismos ingresos, el gobierno heleno tenga que hacer frente, a la vez, al pago de los intereses del tercer rescate y a la manutención de los migrantes. El fantasma de la bancarrota es cada vez más real. Subir los impuestos y apropiarse de los bienes del pueblo, no paliarán la falta de efectivo disponible. Martirizar a la minoritaria clase media con nuevas tasas para costear el viaje turístico de los migrantes, es un crimen de lesa humanidad.

Los medios occidentales hablan demasiado del drama de los refugiados, pero ninguno siente pena por la pobre gente griega condenada a la miseria por su culpa. Hay una cosa que siempre olvidan contar y es que, los inmigrantes recién llegados se sienten tan fuertes que, incluso, organizan protestas para exigir al gobierno griego todo tipo de prebendas. La inmediatez y gratuidad de los trámites burocráticos, mediante los cuales les otorgan el estatus legal de refugiados; son dos de sus demandas preferentes. Y las reclaman con tanta insistencia, para poder seguir con su viaje hacia Alemania y Suecia.

La Europa progre y moderna ha dado la espalda a los griegos de a pie. Soros y los ideólogos kalergianos lo tienen claro:

"Lo que se busca con la crisis de los refugiados, es inundar a las naciones europeas con no blancos; sin tener en cuenta el tamaño, el espacio o la renta per cápita de las mismas".

El clima social en Grecia es explosivo. Los roces entre migrantes de diferentes nacionalidades y nativos son cada vez más comunes. La única opción que tienen los griegos es apoyar las políticas de Amanecer Dorado y a sus líderes represaliados: Nikolaos Michaloliakos, Ilias Kasidiaris, Ilias Panayótaros, Nikos Mijos... El pueblo heleno debe organizarse para hacer frente a quienes financian, desde las sombras, el viaje de los refugiados. Encerrarse en casa por miedo, no frenará la oleada migratoria que están sufriendo. El aforo en Grecia está completo, ya no hay sitio para ninguno más. Es obligación de todo patriota helénico el salir a la calle, para gritar alto y claro:

"¡Las puertas están cerradas,
váyanse por donde han venido!".

2- EUROPEOS OLVIDADOS

Ser blanco en el África negra supone todo un infierno. Existen ciertos países tercermundistas en los que, el hecho de no ser negro, puede terminar por costarte la vida. La ignorancia, las supersticiones primitivas y los prejuicios raciales alimentan el odio que los racistas sienten contra los "*europeos olvidados*". Los descendientes de los primeros europeos que arribaron en las sureñas costas africanas, hace cinco siglos, son víctimas de asesinatos, expropiaciones y persecuciones políticas.

Nuestro color nos hace destacar entre el resto de la población y eso nos pone en peligro. La superchería e ignorancia de gran parte del populacho negro ayudan a que calen hondo las historias sobre el "*malvado diablo blanco*". Los africanos de origen caucásico somos repudiados por los gobiernos de los atezados. Nos consideran invasores, pese a que la realidad los desmienta. Los blancos llegamos mucho antes a África del Sur que ellos. Se nos acusa de todo tipo de conspiraciones, de querer imponer un régimen segregacionista, de tratar de legalizar la esclavitud; todo les vale a la hora de difamarnos. Lo peor es que la gran masa analfabeta y desinformada se lo ha llegado a creer.

Durante las últimas décadas, estos europeos olvidados han tenido que abandonar por miles la tierra de sus ancestros; los cuales son los míos. En Occidente es un tabú hablar del drama que vive mi gente en el África Negra. De vez en cuando, los morenos dan rienda suelta a todo su odio antiblanco. Nadie quiere informar de las persecuciones y matanzas de las que somos objetivo las familias blancas. Los medios del sistema no dejan que la verdad salga a la luz. Parece que se nos considera víctimas de segunda, que se nos culpa por estar ahí. Es como cuando a la mujer violada se le exige responsabilidad, por haber ido vestida de manera provocativa.

El horror que supone ser caucásico en África, cuesta mucho de imaginar para los europeos aburguesados defensores del: *"Refugees Welcome"*. Los blancos somos tratados como parias por el resto de la sociedad. Debido a la discriminación racial y a la exclusión social que padecemos, muchas veces dirigida e incitada por el propio gobierno; nos vemos obligados a subsistir en la pobreza más absoluta. Marginados, sin posibilidades de futuro y recluidos en guetos por nuestra seguridad; somos prisioneros en la mágica tierra de nuestros ancestros. Los asaltos constantes contra nuestras casas y haciendas diezman a la población blanca. Desde Sudáfrica a Rhodesia y de Mozambique hasta Angola, las matanzas se suceden por todos los países del África negra. Más de un millón de granjeros blancos han sido asesinados hasta la fecha. Estamos ante un genocidio silenciado, similar al vivido por la población armenia en la Turquía musulmana.

El gobierno se niega a protegernos. Preservar la vida de los blancos no entra entre sus prioridades y por eso somos cazados como animales. Los niños caucásicos son doblemente víctimas de esta horrible y dramática situación. No son libres para salir de sus haciendas o campamentos sin la supervisión armada de un adulto. Viven aislados dentro de cárceles de alambradas y espinos que los protegen del odio racista de la sociedad africana. Ni dentro de los colegios se encuentran seguros. Por eso, muchas familias blancas deciden educarlos en casa. Saben que, si salen al mundo exterior, lo más probable es que sus hijos sean atacados por pandillas de jóvenes negros o en el peor de los casos, pueden ser raptados, violados y brutalmente asesinados.

Al final, de tanto escuchar gritos y consignas tales como: "*Maza, maza. E branco, mata*" o "*Kill the boer, kill the farmer*", hace que a uno se le termine por romper algo en su interior. El sufrimiento que mi gente ha padecido a lo largo de la historia, es imposible de plasmar en tan solo unas líneas. No hablo solo de la impotencia que causa ver, cómo somos repudiados por la comunidad internacional. La presión psicológica que nace del miedo constante a ser asesinados, hace que la infancia de los niños blancos esté llena de penalidades y privaciones. Aguantar todo tipo de vejaciones y provocaciones, por parte de la población negra, te deja marcado de por vida.

A veces pienso que, cuando los europeos nos miran, lo hacen como si no fuésemos humanos. Nunca se han preocupado por lo que sentimos. Tampoco se han interesado por curar nuestras heridas interiores, fruto del trauma que nos causó el ser supervivientes de un genocidio étnico. Es terrible comprobar cómo a nadie le importa el drama que hemos vivido, solo por ser blancos. Que se lo digan a mi padre y a su familia: tuvieron que abandonar su hacienda y propiedades en Mozambique, de la noche a la mañana, para tratar de salvar la vida. Sufrir veintiocho largos días en un barco atestado de cientos de refugiados para lograr llegar a Europa, marca. Y una vez aquí, pensando que ya estaban a salvo; tuvieron que aguantar los comentarios acusadores de la progresía amiga de los negros.

Los europeos occidentales nos veis como colonizadores, nos etiquetáis de esclavistas e invasores. Nos culpabilizáis de la pobreza en África, sin daros cuenta de que somos vuestros hermanos. ¿No deberías sentir algo de empatía por nosotros? ¿Darnos la mano, en vez de echárnosla al desnudo cuello? ¿Abrazarnos fraternalmente en lugar de difamarnos y repudiarnos? Que tu propia gente te dé la espalda, que los europeos del otro lado del océano prefieran acoger fraternalmente a nuestros asesinos, mientras sus víctimas blancas se pudren en fosas comunes; te hace perder la fe en Occidente.

Sabed que sobrevivir en tan hostil ambiente, es una proeza de proporciones bíblicas. Los hay que hartos de ser víctimas del racismo social e institucional africano, lo arriesgan todo en busca de una vida más segura en los EEUU, Australia o Europa. Otros deciden quedarse, pensando que las cosas van a cambiar. Qué equivocados están. Mientras la comunidad internacional no tome cartas en el asunto, los asesinatos por motivos raciales no cesarán. Se deben endurecer las penas para todos aquellos que cometan delitos de odio, discriminación o participen en este genocidio antiblanco (*por acción u omisión*). El mundo debe conocer nuestra situación, ya basta de mirar para otro lado. Muchas personas ya estamos implicadas en la lucha por los derechos y la protección de los africanos blancos.

Es mi obligación, como hijo de blancos africanos procedentes del "*aldeamento*" de Folgares; el dar voz a los sin voz. Tengo que relatar la historia de mi pueblo, para que nunca más se vuelva a repetir. Ya no podréis decir que no lo sabíais o que nunca os lo hubieseis imaginado. Que, de conocerlo, os habríais arremangado para hacer algo. La verdad os está siendo expuesta. Si permanecéis parados, sin hacer nada, también seréis cómplices de este genocidio. La gran conspiración antieuropea nos afecta a todos:

A vosotros y también a los blancos africanos, los europeos olvidados.

MOZAMBIQUE

El drama oculto de los blancos de Mozambique es, por pocos, conocido. De ser uno de los países más prósperos y punteros económicamente del África negra, ha pasado a convertirse en una dictadura tribal; en la cual impera la ley del más corrupto y poderoso. El devenir de la nación ha ido cuesta abajo y sin frenos a partir de la independencia. Una lectura interesada y superficial de su situación geopolítica, afín al ideario doctrinal de los defensores del Nuevo Orden, dejará entrever que la culpa de la inestabilidad en dicha región es: *De los blancos portugueses que la colonizaron.* Para hacer un análisis serio, se deben dejar de lado los ilusorios monstruos colonialistas del siglo pasado. Los pueblos tienen todo el derecho a disponer de ellos mismos, cuando así lo requieran. En eso, supongo que estaremos todos de acuerdo. De todas formas, no debemos obviar, interesadamente, que los blancos también forman parte del ecosistema africano.

El continente negro no es tan negro, como nos han querido hacer creer. Bosquimanos, indianos, portugueses, boers, pierd-noirs, ingleses, chinos, árabes, judíos…; son la evidencia de que África es un crisol de pueblos, razas y culturas. Pese a la clara diversidad reinante, las reivindicaciones negras son las únicas que son escuchadas por los mandamases occidentales. Estos mismos gobiernos son, en gran parte culpables, de la indecente propagación del mito del: *Hombre Blanco Colonialista.* Con infinito cinismo niegan, de forma reiterada, la existencia de un plan para sustituir étnicamente a los blancos africanos; muy similar al que tienen trazado para Europa.

Las dictaduras negras les han ganado el pulso a los granjeros blancos africanos, gracias al apoyo televisivo y económico de los esbirros kalergianos. Sus gobiernos dictatoriales son los que impiden, en la actualidad, la creación de un "*estado blanco*" en el que puedan vivir a salvo. La negación del derecho a decidir para los blancos africanos, viene de lejos. Soviéticos y capitalistas ueseños fueron los que frustraron, en el pasado, cualquier intento blanco de independencia. Ambos bloques apoyaban, de forma decidida, las pretensiones imperialistas de los nacionalistas negros. La Guerra Fría fue utilizada como pretexto, para extender los conflictos raciales por toda África. Rublos y dólares alimentaron su supremacismo nacionalista; permitiéndoles organizarse militarmente, para derrocar a los legítimos gobernantes blancos. Nunca fue una contienda: *comunismo vs capitalismo*, sino que se trató de una *Rahowa* a gran escala.

La permanencia de los "*europeos olvidados*" en África, representaba una amenaza para el Nuevo Orden Mundial. La mayoría de los alzamientos y asaltos a las haciendas tenían un único propósito: *expulsar del poder y de sus tierras a los blancos*. Las provincias de ultramar pertenecientes a la pequeña nación lusa, estuvieron desde el primer momento en el punto de mira de comunistas y del bloque yanqui. En Mozambique, por ejemplo, la creación del *Frente para la Liberación de Mozambique/ Frente de Libertação de Moçambique* (FRELIMO) fue vil obra de los agentes soviéticos de la Rusia comunista. La "*Luta Armada de Libertação Nacional*" que enfrentó a los guerrilleros macondes y macuas del *FRELIMO*, contra Portugal, comenzó "*oficialmente*" el 25 de septiembre de 1964 y se mantuvo hasta bien entrado 1975; tras firmarse los infames acuerdos de Lusaka.

Muchos os estaréis preguntando por qué a un español debería importarle dicho conflicto, si es algo que le sucedió a otro país en el pasado siglo XX. A veces conviene quitarse las gafas chauvinistas, las cuales nos llevan a los españoles a despreciar a los países vecinos (*Portugal y Francia*); para poder contemplar, con perspectiva, lo que se oculta detrás del bosque.

Debemos tener claro que ambas naciones, además de compartir frontera, tienen su origen en el vientre de una misma madre (*la Península Ibérica*). Portugueses y españoles poseemos una historia en común; en la que a veces estuvimos conviviendo bajo el amparo de un solo reino y otras, en cambio, optamos por emprender nuestro propio camino. Sufrimos en nuestras carnes la invasión sarracena y fuimos esclavizados por los "*moros*", pero juntos logramos expulsar al invasor hasta el otro lado del mar Mediterráneo. Emprendimos la conquista de América casi al unísono y civilizamos un continente entero repleto de primitivos salvajes. Durante los primeros compases de la Guerra Civil Española, los Nacionales de Francisco Franco recibieron ayuda del Estado Novo de Oliveira Salazar. Tras finalizar la Segunda Guerra Mundial, ambos países fuimos despreciados por los vencedores. Se nos castigó por nuestra amistad con el III Reich alemán. Incluso, los Aliados estuvieron meditando la idea de invadir las Islas Canarias y el archipiélago de Madeira. Además, entramos en el mismo año en la *Comunidad Económica Europea (1986).*

Si esto no os resulta suficiente para interesaros por los dramáticos sucesos ocurridos durante el cruento conflicto de Mozambique, tal vez no seáis la gente apropiada para leer este libro. Considero que españoles, portugueses, rumanos, franceses, alemanes, ingleses y demás pueblos europeos; somos pueblos hermanados por la sangre, la historia, religión y tradición. Demasiado tiempo llevamos ya peleándonos los unos con los otros, mirando por encima del hombro a la nación que tenemos al lado, volcando las mercancías de los camiones que cruzan la frontera, fomentando un artificial odio étnico y culpando al vencido de los males de la guerra. Ninguno de nosotros ganamos nada haciendo esto. Más bien, todo lo contrario.

Quienes salen verdaderamente beneficiados por la permanente fricción y desunión en Europa, son nuestros ancestrales y atávicos enemigos: *la antirraza impulsora del Plan Kalergi*. Recordad que, los males que azotan a una nación europea, pronto se extienden como la pólvora por el resto del continente. Es imposible mantenerse al margen. Somos lo que somos y con eso tienen suficiente aquellos que nos quieren ver destruidos. Por ser blancos estáis condenados, que no os quepa la menor duda.

Retomando el tema de Mozambique, os diré que España también sufrió bajas durante la guerra. Los objetivos civiles estaban en el punto de mira de los guerrilleros del FRELIMO. Los *"turras"*, apodo que los portugueses les pusieron a los terroristas negros, no hacían distinción a la hora de matar blancos. El día 1 de Julio de 1973, en el parque nacional de Gorongosa, los insurgentes del FRELIMO atacaron a tres turistas españoles que habían contratado el viaje con la empresa *SAFRIKE (Sociedade de Safaris de Moçambique)*. El asalto causó un herido, pero también ocasionó la muerte del Coronel Médico de la Fuerza Militar Española: Ángel Garaizábal Bastos (*63 años*). ¿Y qué habían hecho para merecer tan sangrienta bienvenida? Pues bajarse de la pequeña avioneta que habían alquilado a la *TAM (Taxis aéreos de Mozambique)* para sacar unas fotos, teniendo el color de piel equivocado. Y es que, todo blanco era enemigo de la guerrilla negra; y lo sigue siendo.

El líder del FRELIMO: Joaquim Chissano y el Coronel Cara-Alegre Tembe, fueron los impulsores de este tipo de acciones terroristas. ¿Con qué propósito? Sembrar el pánico entre la población civil, para desestabilizar al gobierno blanco de Mozambique. La colocación de minas terrestres y las voladuras de puentes al paso de los ferrocarriles, solían ser otras de sus tácticas habituales. La línea férrea que unía las localidades de Beira, Dondo, Muanza, Inhaminga, Gaia y Sena era una de las que más sabotajes sufrían. Los "turras" no se contentaban con hacer descarrilar los vagones y la locomotora. Además, también escondían minas antipersona en los alrededores para que, cuando el maquinista y los pasajeros saliesen de la máquina accidentada, las pisasen y reventaran. Entre Vila Pery y Manica, un fogonero de nombre Salvador, fue una de las cientos de víctimas que se cobraron con esta cobarde táctica.

Al carecer de cualquier tipo de escrúpulos, el FRELIMO no dudaba en atacar los "aldeamentos" de negros en las zonas controladas por el gobierno blanco. En 1974 el aldeamento de N'hakamba (distrito de *Tete*) sufrió un violento asalto que diezmó a la población, dejando un saldo de diecisiete muertos y treinta y un heridos. N´hakamba tenía cerca de quinientos habitantes y ciento noventa "palhotas", pero, tras el ataque, solo veintiséis quedaron en pie. No tenía ningún valor estratégico. Únicamente estaba defendido por un solo militar portugués: el 1º Cabo Tomé P. Gonçalves (*22 años*); el cual también ejercía de médico para la población negra. Entonces, ¿por qué actuaron así los "turras"?
Explicación:

"Buscaban coaccionar a la población civil negra que vivía en zonas controladas por los portugueses, para que dejasen de colaborar con ellos y se uniesen a la guerrilla".

Las haciendas y *aldeamentos* de la población blanca también eran un objetivo clave para el FRELIMO. El ataque a la *"fazenda"* de Aguas Frescas, propiedad de Joaquim de Matos Dias, sembró el pánico entre los moradores. En enero de 1974 los *"turras"* decidieron asaltarla violentamente. Entre los disparos de kalashnikov, el hacendado Joaquim de Matos logró escapar con vida saltando por la ventana. Descalzo y ensangrentado, tuvo que huir corriendo por medio de un maizal. Recorrió diecisiete kilómetros hasta alcanzar la villa de Manica. Llegó exhausto, con la ropa rota y llorando. Se dirigió al bar del pueblo donde solían juntarse los blancos después de cenar, para pedirles ayuda. Joaquim desconocía si el resto de su familia seguía todavía con vida. Los hacenderos que allí estaban, el capitán de la milicia apostada en Manica y la DGS acudieron de inmediato en su auxilio. Lamentablemente, cuando llegaron a *"Aguas Frescas"* la mujer de Joaquim Matos: Doña María, ya estaba muerta. Los únicos que lograron salvarse fueron sus dos hijos. Los terroristas negros consiguieron su propósito: *Joaquim nunca más regresó a sus tierras.* Todo esto sucedió bajo la supervisión de los Tenientes Generales del FRELIMO: Moiane y Eduardo Nihia.

Niassa y Cabo Delgado (*"Terra da Guerra"*) eran dos de las zonas más calientes de todo Mozambique, en lo que respecta a la actividad terrorista llevada a cabo por el FRELIMO. Los macondes, macuas y suajilis que habitaban en el norte del país, nunca aceptaron la convivencia pacífica con la población blanca. Tanganica, actualmente conocida como Tanzania, les brindaba apoyo logístico y refugio en el que esconderse. El caso de Eduardo Chivambo Mondlane, creador del FRELIMO, ejemplifica la omertá existente entre los negros de diferentes nacionalidades. Durante años Chivambo estuvo viviendo en Dar es Salaam, bajo la protección y el amparo de las autoridades tanzanianas. Desde su santuario en el extranjero, dirigió la guerra de guerrillas que se estaba llevando a cabo en Mozambique; mientras que, a la vez, administraba los fondos que USA y la Unión Soviética le enviaban al FRELIMO.

Tan solo la antigua Rhodesia apoyó a los mozambiqueños blancos. El resto de naciones africanas nos dieron la espalda. Cuando las primeras explosiones sacudieron la capital: Lorenço Marques, miles de blancos comenzaron a abandonar en masa el país. Daba igual el destino. Únicamente trataban de ponerse a salvo del genocidio que apenas estaba comenzando. Todo estaba perdido. Los dos grandes bloques geopolíticos (*capitalismo y comunismo*) se habían posicionado en su contra. Mi gente decía estar: "*Orgullosamente sola*", pero la verdad es que: *Quedarse hubiera supuesto la muerte*.

Aldeamentos como el de Folgares, del cual procede mi familia paterna, quedaron deshabitados de la noche a la mañana. No nos dio tiempo a vender nuestras posesiones. Ni siquiera a resguardar los aperos de labranza. Aquello fue un sálvese quien pueda en toda regla. Pero no toda mi familia salió con vida de Mozambique. El único de los hermanos de mi padre (*el mayor de todos*) que decidió quedarse allí, junto con su mujer y sus tres hijos, mi tío: Israel de Deus da Costa; sería asesinado años después en la región de Niassa.

Mi tío regresaba a pie a la localidad de Cuamba, antigua Nova Freixo; y al ver que era blanco, los paramilitares del FRELIMO lo detuvieron. No les cuadraba que quisiese ir a una zona en la que operaba la RENAMO y le pidieron el carnet del partido para ver si estaba afiliado. Pese a que mi tío les indicó que allí residía su familia y que él no tenía nada que ver con la lucha de la RENAMO, no quisieron creerle. Los matones del FRELIMO le robaron todas sus pertenencias, incluida la ropa. Una vez desnudo, le dieron un tiro en la cabeza y lo dejaron tirado en una acequia. Como por aquel entonces el gobierno estaba presidido por Joaquim Chissano, no hubo investigación alguna y el asesinato de mi tío quedó impune. Debéis saber aquellos que estéis leyendo este libro, que en África las muertes de los blancos siempre quedan impunes.

El éxodo de mi gente fue una respuesta desesperada, al clima de guerra racial que se estaba viviendo. Durante semanas los puertos estuvieron repletos de personas asustadas, las cuales trataban de huir del genocidio que se estaba llevando a cabo. Familias enteras esperaban su oportunidad para poder subir a algún navío, que los alejase de allí. Hacinados como ganado, tardaban casi un mes en llegar a Europa. La comunidad internacional no se conmovió al ver a estos civiles blancos, ser expulsados de sus tierras y hogares. No se hizo ninguna campaña para ayudar a estos refugiados. Es más, muchos países occidentales les negaron el asilo. Lo curioso es que mientras le decían "*NO*" a los blancos de Mozambique, sí que acogían a indios, marroquíes, chinos y demás coloridos tchandalas del planeta.

La independencia de la tutela de Portugal no liberó a Mozambique, sino que lo terminó por sumir en la miseria más absoluta. Las matanzas continuaron. Los pocos blancos que habían decidido quedarse, tuvieron que escabullirse décadas después. El revanchismo negro no conoció la piedad con el enemigo vencido, ni siquiera con su recuerdo. Al igual que ocurre en España con la tan manida Guerra Civil y la posterior dictadura del régimen franquista; el FRELIMO ordenó el cambio de los nombres de cientos de pueblos, ciudades, calles, plazas y universidades por resultarles demasiado *"blancos"*. El caso más llamativo es el de la propia capital: Lorenço Marques, que a partir de 1976 pasó a llamarse: Maputo. Está claro que, sin la ayuda de los soviéticos, el régimen del terror de FRELIMO hubiese sido aplastado mucho antes del pacto de Lusaka. No obstante, la mirada cortoplacista de Spinola y demás gerifaltes del Estado Novo, aceleró la caída en desgracia de los mozambiqueños blancos. Abandonaron al pueblo que habían jurado proteger, por treinta cochinas piezas de plata pagadas por Moscú. Traidores como Spinola no tuvieron reparos en sumarse a la causa golpista del Movimiento de los Militares, la cual desembocaría en la Revolución de los Claveles. A modo de justicia poética os diré que:

"Fueron los comunistas a los que Spinola había aupado a la cúpula de la Junta de Salvación Nacional, los que terminaron deponiéndolo de su cargo de Presidente de la República; puesto que pasaría a ocupar el general Costa Gomes".

Como habéis podido leer, la gran conspiración antieuropea no se centra solo en un lugar geográfico determinado. Da igual dónde se establezcan los hijos del sol. Para las fuerzas kalergianas impulsoras del Nuevo Orden Mundial, no existe frontera alguna que los pueda detener. Su guerra contra la raza blanca es internacionalista. Por eso, atacan a nuestra gente allí donde se encuentren. No habrá paz para los nuestros, mientras ellos sigan conspirando desde las sombras. Puede que vosotros queráis la paz; pero, os aseguro, que ellos no desean firmarla. No descansarán hasta vernos desaparecer de la faz de la tierra. Tienen numerosos y primitivos ejércitos de tchandalas para hacer el trabajo sucio; es decir: *sangriento*.

Luchar hasta la extenuación es lo único que nos queda. Debemos asegurarnos un espacio vital, en el que poder sentirnos seguros. No es tiempo de ser cobardes. El infierno racial ya lo tenemos en este mundo, a peor no podemos ir. El Cielo o el Valhalla nos esperarán, si caemos batallando.

ANGOLA

La dictadura parece ser el único modelo de gestión con el que se sienten cómodos los caudillos libertadores negros, que tanto parecen gustar a los progres occidentales. Los jefes de estado africanos que salieron de los movimientos descolonizadores o independentistas, han hecho de su continente la región más pobre del mundo. Las nuevas generaciones de negros africanos se han quedado sin conocer aquellos buenos tiempos, en los que había comida y trabajo para todos; cuando aún compartían territorio con los blancos. Y es que, la expulsión de todos aquellos que tuvieran la tez clara en África no supuso, ni trajo, mejora alguna para dichos etno-estados. Aceptar ser cómplices de la gran conspiración antieuropea, les terminó por salir caro a los negros.

Todos los libertadores africanos siguieron un mismo patrón o modus operandi: *Primero expulsaron a los blancos de sus tierras para después exterminar, sin reparo, a la población negra que "sobraba".* Granjeros, estudiantes, comerciantes, profesores, militares o funcionarios; nadie se libró de la purga. Caer en manos de la guerrilla oficialista suponía ser asesinado y arrojado en fosas comunes. El mundo ni se inmutó. Total, también habían girado la cara cuando en un solo año, en Angola, el MPLA asesinó a mil blancos y a cuatro mil negros que trabajaban para ellos.

Angola fue en su día el "*Dorado*" para los lusos. Lamentablemente, no tardó en convertirse en la tierra de los sueños rotos cuando los USA y la URSS decidieron apoderarse de un trozo del pastel. Los enormes yacimientos de petróleo de Angola debían estar en manos de la élite mundial y no bajo la supervisión de una pequeña y católica nación mediterránea. Por eso, se financió a las guerrillas negras de este país africano para que hicieran la guerra a los portugueses. La desorganizada y caótica descolonización portuguesa, tras el golpe de estado del 25 de Abril, facilitó que el MPLA se hiciese con el poder. A partir de entonces, Angola pasó a convertirse en un país convulso; desgarrado por una continua guerra civil. Pero no nos adelantemos a los acontecimientos y relatemos con detalle las matanzas, saqueos y violaciones que se produjeron durante el conflicto.

Es importante realizar un verdadero ejercicio de memoria histórica, que no histérica, para que los crímenes de guerra cometidos por la UNITA (*Unión Nacional para la Independencia Total de Angola*) y el MPLA (*Movimiento Popular de Liberación de Angola*) no caigan en el olvido. No se debe hacer borrón y cuenta nueva. Eso sería insultar la memoria de estos mártires. Fingir que nada sucedió en África y que los blancos que allí vivían, no fueron víctimas de un genocidio; es seguirle la corriente a la mass media financiada por los oligarcas kalergianos. Quieren silenciar la verdad, para que ésta no llegue a los perezosos y adormecidos oídos de los europeos. Necesitan que el pueblo blanco continúe sintiéndose culpable por crímenes no cometidos, en lugar de damnificado; para que siga permitiendo, sin revelarse, la invasión de su continente.

El buen salvaje no es tan noble como lo pintan y, desde luego, los blancos no somos los únicos que podemos cometer crímenes racistas. Pongamos ejemplos reales, vividos por personas también reales. En la localidad de Teixeira de Sousa (*renombrada como: Luau*), en el distrito de Moxico, vivían más de doscientos blancos. Era una pequeña localidad situada a 12 km del Congo, que tenía su propio ayuntamiento, puesto policial, parque de bomberos... El 25 de diciembre de 1966, la UNITA decidió atacarla. La noche anterior al asalto, todos los negros de Teixeira de Sousa que trabajaban para los blancos o vivían cerca de ellos, abandonaron misteriosamente la villa. Esto nos indica dos cosas realmente preocupantes:

1. *Eran conocedores de los planes de la guerrilla.*
2. *Ninguno quiso dar la voz de alarma y así avisar a sus vecinos blancos.*

Abandonaron a hombres, ancianos, mujeres y niños a su suerte, por el mero hecho de tener un color de piel diferente. Más que una contienda ideológica o de liberación, lo vivido en Angola se trató de una guerra racial en toda regla.

Los negros de la etnia Ovimbundu (*a la que pertenecen el 40% de los angolanos*) eran y son leales a la UNITA. Recibían apoyo logístico y económico de la China comunista de Mao Tse-tung, pero otras potencias también se mostraron interesadas en proporcionarles mecenazgo. El líder de la UNITA: el Dr. Jonas M. Savimbi, viajó a los Estados Unidos en busca de asesoramiento militar. Los consejos del dictador comunista Mao Tse-tung se impusieron a la visión estratégica dada por los yanquis. En lugar de sublevarse en el centro del país, una zona altamente poblada y bien comunicada, la UNITA llevó a cabo su revolución en el este de Angola. Rusia también participó en la guerra, ya que era la encargada de suministrar armas de fabricación checa a la guerrilla del MPLA y la UNITA a través de la frontera con Zambia.

La UPA de Holden Roberto no quiso que la UNITA le comise el terreno. Por eso, llevó a cabo brutales matanzas para hacerse notar. Imbuidos por un fanatismo tribal de carácter animista, el cual los llevaba a creerse que eran invulnerables a las balas de los caucásicos; se lanzaban al combate sin mirar atrás. Los civiles blancos desarmados que vivían en pequeñas aldeas, fueron sus principales víctimas. El 4 de febrero de 1961, aprovechando las revueltas en Cassange, la UPA extendió sus ataques por toda Luanda. Viéndose incapaz de hacer frente y detener militarmente las atrocidades de la guerrilla, el gobierno portugués comenzó a fletar avionetas para rescatar a la población blanca que vivía en las zonas más remotas. Familias enteras se tuvieron que separar. Mujeres, ancianos y niños marcharon en busca de refugio, mientras que los hombres se quedaron a combatir.

El terror étnico también alcanzó a la escasa población negra, que se negó a participar en las masacres. Miles de personas tuvieron que huir, para no sufrir las represalias de la UPA; la cual los consideraba: "*Traidores a Angola*". Conviene mencionar que la guerrilla también asesinaba a los negros que estaban casados con personas de otras razas, ya fuese con blancos o también con caboverdianos. Los mulatos tampoco corrían mejor suerte. La xenofobia era la piedra angular sobre la que se asentaba todo el proyecto independentista de la UPA. Estar rodeado de una impenetrable selva, de la cual salía el aullido: ¡*upa, upa, upa, upa!*; nunca presagiaba nada bueno. Aquel grito de guerra fue lo último que escucharon los moradores blancos de Camabatela, ciudad situada en el municipio de Ambaca; los cuales fueron pasados a cuchillo. Quinientos fallecidos dejaron con aquel cobarde ataque; siendo la mayoría mujeres y niños. La población negra de la ciudad también participó en las matanzas, obedeciendo las órdenes de Holden Roberto:

"Debéis rebelaros en las haciendas. Matar al patrón y a su familia cuando estén todos dormidos".

(Holden Roberto, líder de la UPA)

Los residentes blancos de la localidad cafetera de Maquela do Zombo, cercana a la frontera con el Congo, también sufrieron el mismo destino que sus hermanos de Camabatela. Para que el ejército portugués no pudiera socorrer a la población blanca, la guerrilla dinamitó los puentes y carreteras. Tras haber ingerido todo tipo de drogas, los terroristas negros alzaron sus afiladas catanas al aire y se lanzaron al ataque; clamando vivas al dictador congoleño: Mulumba. Al igual que en ocasiones anteriores, la población negra de Maquela do Zombo también se alió con los guerrilleros. Imitando el mensaje de Holden Roberto, el comandante Pedro Santos Rodrigues dio la siguiente orden:

"Mañana de mañana, antes de que el patrón se despierte, cuando estéis limpiando la casa debéis esconderles las armas a los blancos. Si se despierta el patrón y os pide el desayuno, aprovechad para darle con la catana en la cabeza. Cuando comience el ataque, ellos van a querer ir a por ellas, pero no las encontrarán y así no podrán defenderse".
(Pedro Santos Rodrigues, combatiente de la UPA-1961)

Los primeros en ser atacados, solían ser los dueños de las haciendas y los gerentes; ya que eran los que más trato tenían con la población negra que trabaja para ellos. Si no morían del primer tiro o machetazo, eran despedazados a golpe de catana. Algunos patrones incluso fueron partidos por la mitad, utilizando las sierras de las serrerías. La UNITA, UPA y el MPLA no hacían distinción a la hora de matar. Para ellos, todos los blancos eran culpables y debían pagar con sangre. Piedras, palos, catanas y fuego; los civiles eran asesinados de las más crueles formas.

Las niñas, mujeres y ancianas blancas corrían aún peor suerte. Primero eran violadas en grupo, antes de ser empaladas con afiladas estacas. Se dieron casos de mujeres blancas embarazadas a las que les rajaron la barriga, sacaron al bebé y lo machacaron contra la pared. Este tipo de actos y otros aún más atroces se sufrieron en Quitexe, cerca de Luanda.

"No podemos decir que no matamos a niños,
porque la guerra no escoge".
(José Mateus Lelo, guerrillero de la UPA)

Solo en 1961, los ataques de la UPA dejaron más de mil blancos y seis mil negros asesinados. El suelo de las haciendas quedó cubierto de cadáveres. Los elementos de la etnia mayoritaria maconde, originaria del Congo, fueron los cabecillas que dirigieron este tipo de matanzas. A los maconde no les importaba asesinar a aquellos negros que no pertenecían a su etnia.

"Los negros asesinados por la guerrilla eran peores que los
portugueses. Tenían un comportamiento indigno y recibieron lo que
merecían".
("El Viejo" Gurgel, pastor protestante)

El clima de odio racial existente en Angola obligó a los civiles blancos a formar sus propias milicias, para tratar de hacer frente a las incursiones de la guerrilla. Pese al arrojo y a la valentía que demostraron a la hora de plantar cara al enemigo, su falta de preparación militar y la escasez de armas jugaron en su contra. Es por eso que, las matanzas de los terroristas negros de la UPA se siguieron sucediendo; como la ocurrida el 15 de marzo de 1961 en las haciendas encuadradas en el distrito de Uíge (*Carmona*). De nuevo, como no, la población negra local volvió a participar en el genocidio de los blancos que allí vivían.

Casi todos los hacendados de Uíge fueron muertos de inmediato, degollados o bien descuartizados a machetazos. De seguido, los "*negros caseros*" comenzaron a matar a los niños; a los cuales llevaban años cuidando. El panorama que se encontraron los soldados portugueses, los cuales llegaron horas después del ataque, debido a que tuvieron que apartar del camino las rocas y troncos que la UPA había colocado; fue desolador: bebés completamente carbonizados, gente lapidada, mujeres colgadas boca-abajo de los árboles y con la barriga rajada, hombres partidos en las serrerías, cabezas clavadas en estacas… Los escasos supervivientes blancos fueron trasladados, de inmediato, al hospital de Carmona y de ahí los montaron en un avión con destino Luanda.

Ese mismo día (*15 de marzo de 1961*), en la región de Quitexe, los guerrilleros maconde lanzaron también una ofensiva contra las aldeas y haciendas que alojaban a la población blanca. A las nueve de la mañana llegaron a las puertas de la hacienda de "*Vista Alegre*". Los guiaba un hechicero que en una mano llevaba un palo y en la otra una catana. El brujo no dejaba de repetir el siguiente mantra: "*UPA, UPA, mata que é branco*". Aquellos blancos que poseían escopetas de caza, respondieron disparando. Los terroristas negros enseguida se disiparon, pero a la hora volvieron a aparecer en un total de trescientos. Al verse incapaces de hacerles frente, los pocos caucásicos que todavía resistían decidieron esconderse en la selva.

Durante casi quince días, los terroristas del UPA los estuvieron persiguiendo para asesinarlos. Fue gracias a la valentía y el heroísmo del hacendero Neca Nunnes, que no lo lograron. Con solo una escopeta para cazar elefantes, salvó la vida de las mujeres y niños que tenía bajo su cargo. Mató en defensa propia para protegerlos, hasta que varios vehículos del ejército portugués dieron con su paradero y los rescataron. Nada volvió a ser como antes para los supervivientes de Quitexe, ya que nunca más regresarían a sus tierras.

Conviene mencionar el caso del mulato Herminio Sena; el cual luchó, codo con codo, junto con otros veinticinco hombres blancos para impedir que los negros de la UPA asesinaran a la población civil de Mucaba. Pese a ser una aldea de escaso valor estratégico, los guerrilleros estuvieron asediándola durante casi un mes. Los rebeldes atacaban constantemente en grandes grupos. Muchos de los negros que participaron en el asalto a Mucuba procedían del Congo Belga. Completamente drogados, creían que al gritar: *"Maza, Maza"*, las balas que les disparaban los blancos se transformarían en agua y que solo podrían matarlos las balas de los soldados negros portugueses. Viéndose superados, Herminio y el resto de los habitantes de Mucaba, decidieron atrincherarse en la iglesia hasta que finalmente la aviación pudo rescatarlos.

Sangre inocente fue derramada por toda Angola, pero, aun así, la comunidad internacional se posicionó del lado de los terroristas negros. Los EEUU apoyaron una iniciativa sancionatoria de Liberia, en la cual se condenaba al gobierno portugués por estar cometiendo: *"Crímenes de guerra"*. De las matanzas de africanos blancos en: Mucuba, Quitexe o Carmona no dijeron ni media palabra. Los EEUU, China y la URSS eran conocedoras del plan golpista del: *Movimiento de los Militares*. Sabían que a Portugal le quedaba poco tiempo en África. Buscaban acelerar la independencia de las provincias lusas de ultramar y les daba igual cuántos civiles quedaran por el camino. Únicamente, el gobierno blanco de Sudáfrica se mostró dispuesto a ayudar a los hermanos raciales que huían de Angola. El gobierno blanco sudafricano fundó nuevas aldeas en las que poder acogerlos o, directamente, los reasentó por todo el país. Después de la independencia de Angola, muchos de esos blancos terminaron por alistarse en el *Batallón de los Búfalos*; una unidad de élite perteneciente a las Fuerzas de Defensa Sudafricanas.

A pesar de resultar repetitivo, he de decir que la historia nos demuestra que existen víctimas de primera y de segunda clase. Todo el mundo recuerda, a la fuerza, a los judíos asesinados durante el Holocausto. Cómo no hacerlo, si todos los años publican libros, películas o series al respecto. También tenemos el caso de la Reconquista española y de su leyenda negra, aceptada por casi todos. Nos cuentan que los castellanos cometieron genocidio y que rompieron la idílica convivencia de las *"tres culturas" (judía, cristiana y musulmana)*. Curioso que nadie mencione las razias de Almanzor, el tributo de las cien doncellas cristianas al Emirato de Córdoba o las conversiones forzosas al Islam. En EEUU fustigan a los americanos blancos con el tan manido y desgastado tema de la esclavitud negra y los campos de algodón. Pero casi nadie habla del Holomodor ucraniano, el genocidio armenio o el exterminio masivo de los blancos en el África negra. ¿Por qué?

Hay temas que no son prioritarios en la agenda kalergiana y recordar a los blancos europeos que: *"Ellos también pueden ser víctimas en lugar de agresores"*, no les interesa. Para el establecimiento del Nuevo Orden Mundial, se necesita que ciertos mantras se instalen en la mente de los occidentales como dogmas universales; dogmas que no pueden ser cuestionados bajo pena de censura y humillación pública. Por eso, no encontraréis en ningún otro libro las verdades que os cuento en esta humilde obra. Me he tomado mi tiempo en relatar ciertos hechos con nombres, fechas y ciudades, para que ningún esbirro a sueldo del Nuevo Orden pueda acusarme de estar inventándomelo.

La realidad es la que es, guste o no a los voceros del multiculturalismo. Negar la veracidad de lo aquí escrito, es insultar a la memoria de los caídos por culpa del odio racial anti blanco. La convivencia entre diferentes razas y culturas suele terminar en baños de sangre. No hay hermandad posible entre quienes no son hermanos de raza. Cada uno mira por los suyos, cosa totalmente lógica y razonable. Por eso, os animo a los europeos a hacer lo mismo. No dejéis que os conviertan en minoría en vuestra propia tierra. Que el sufrimiento de los blancos angolanos y mozambiqueños os sirva de ejemplo. No volváis a ser las víctimas. Coged las riendas de vuestro destino y, si tenéis que expulsar al invasor, hacedlo ahora. Todavía estáis a tiempo. Tal vez, mañana sea demasiado tarde.

3- Los europeos del otro lado del océano

Uno de los principales objetivos de la agenda globalista es borrar las fronteras, que mantienen separadas a las naciones. Ya sean naturales o políticas, la existencia de una idea, línea, muro o valla que nos delimite y diferencie de nuestros vecinos perjudica a los intereses de los agentes kalergianos. Tratados como el infame TPP o el NAFTA fueron ideados para minar la soberanía fronteriza de las naciones firmantes. Paso a paso, han ido apretando las tuercas del golem económico trasnacional, para que nadie pueda librarse de su tutela. ¿Objetivo final? Pretenden crear un megagobierno, que controle lo que sucede a ambos lados del Atlántico con un sistema burocrático pantagruélico, para manejar los asuntos de política interior de las naciones.

La única manera que tienen los kalergianos de acabar con la autonomía de las naciones blancas independientes y soberanas, es la de cambiar irrevocablemente su paisaje demográfico; es decir:

"Sustituir a la población nativa por otros elementos más dóciles y manejables".

Esto puede hacerse de varias formas:

- *Apertura de fronteras.*
- *Acogida de refugiados.*
- *Mestizaje.*
- *Fomento de la vida sin hijos (single) para la gente blanca.*

Cuando los nativos se muestran reticentes a aceptar dicho modelo multiculturalista, entonces se recurre directamente al genocidio. No es sorprendente comprobar cómo en los países de mayoría blanca del continente americano, por ejemplo: Estados Unidos; las estadísticas que cuantifican el número de crímenes violentos en los que la víctima es blanca, confirman que el genocidio de nuestra raza ha llegado a un punto crítico. Si en Suecia ya se vive una guerra racial, aunque los medios traten de encubrirlo, en los EEUU la confrontación entre el mundo negro y el mundo caucásico va por el mismo camino. Miles de víctimas del multiculturalismo se amontonan ya en las cunetas. Los blancos huyen en masa hacia zonas menos *negrificadas*; pero, incluso, en ellas pueden ser víctimas del odio racial.

¿Cuál es el resultado que se busca con este derramamiento de sangre? Reconfigurar drásticamente la faz de la población americana, de modo que los blancos pasen a ser la etnia minoritaria; tal y como ya ocurre en: Bolivia, Ecuador, Colombia… ¿Pueden los EEUU escapar de su funesto y mesticista sino? En realidad, lo tiene muy difícil. ¿Y qué ocurre con los otros países, supuestamente blancos, como: Canadá, Argentina o Chile? La situación es aún peor en ellos, ya que la población no blanca o directamente mestiza ha terminado por imponerse a los caucásicos.

Mantener la supremacía de la sangre blanca en un territorio hostil cuesta mucho y más cuando los ideólogos kalergianos han borrado, de un plumazo, las viejas fronteras que nos mantenían a salvo. El caos y la violencia son la seña de identidad de las sociedades descastadas. Los kalergianos confían en su capacidad para controlar a la primitiva y volátil masa mestiza, una vez hayan borrado del mapa a la raza blanca. La fuerza les servirá para guiar a la marabunta de hombres hormigas de un agujero a otro, es decir: *Los utilizarán para perseguir a nuestra raza allá donde se refugie*. De cumplirse sus planes, los blancos serán reducidos a la última expresión.

Independientemente de la ideología que proféseis, debéis saber que la mentalidad colectivista de los hombres hormiga es la propia del esclavo, del autómata, del golem/robot que obedece la voluntad de su creador. La represión de estado, en todas sus formas, impedirá que el individuo pueda rebelarse contra el poder de la reina que dirige la colmena. En este tipo de sociedades kalergianas la sumisión prevalece sobre el libre albedrío. La élite del Nuevo Orden Mundial será la única que podrá disponer de su vida, pensamiento y tiempo como lo considere oportuno. Vosotros, los parias de la tierra, os limitaréis a trabajar para llegar a la cuota que le impongan al *koljoz* en el que os hayan destinado.

Los caucásicos se han vuelto innecesariamente molestos para los kalergianos. De ahí que busquen librarse de nosotros, ya sea en Europa o en el continente americano. A medida que avanzan en sus planes de dominación planetaria, las grandes corporaciones comienzan a excluirnos de la vida pública. Laboralmente, las entidades kalergianas emplean en exclusiva a los hombres hormiga. La deslocalización de las industrias hacia países que forman parte del Tercer Mundo, es fundamental para destruir el tejido económico de las naciones blancas. Además, los sátrapas tercermundistas nunca exigirán mejoras para su empobrecida población. Menos derechos es igual a menos salario. El negocio les sale redondo a los kalergianos.

El egoísmo anida en los corazones de los maharajás de color. Pueden ver morir a miles de millones de los suyos, sin tan siquiera inmutarse. Eso es algo que no podría darse en una sociedad homogéneamente blanca. La empatía es algo intrínseco de nuestra raza y, tarde o temprano, alguien terminaría alzando la voz para protestar. ¿Solución?

No emplear a nuestra gente, ni más ni menos. Los hombres hormiga son mucho más agradecidos y silenciosos ante la explotación.

Las preguntas que os planteo son las siguientes: ¿Cuántos de vosotros estáis dispuestos a tomar las armas para frenar a los globalistas? ¿Cuántos cederíais vuestros privilegios materialistas por una incierta revolución, que posibilite un futuro mejor? ¿Seguiréis obedeciendo las órdenes de un estado traidor, que ha entregado vuestra soberanía al mejor postor? ¿Continuaréis confiando en políticos de paja que fingen traer el cambio, cuando en verdad son más de lo mismo? ¿Acaso pensáis que las urnas, os traerán la revolución? No señor, es la Segunda Enmienda de los Estados Unidos la que aún os mantiene libres y vivos. Recordad que un pueblo desarmado, es mucho más sencillo de subyugar. Van a por vosotros, tenedlo claro.

ESTADOS UNIDOS DE AMÉRICA

Los Estados Unidos de América son mucho más que la tierra de las oportunidades para los parias del mundo. Estados Unidos, puede que algunos todavía no lo sepáis, es uno de los países donde se da con mayor intensidad el racismo antiblanco (*sin contar con el África negra*). Las masacres de civiles de etnia caucásica, a manos de las mal llamadas "*minorías*", son una constante. Estamos ante uno de los genocidios más sostenidos de la historia. Casi podríamos tildarlo de: *Guerra Racial/Civil*. Claramente se trata de un holocausto, muy similar al de los judíos. Dicha campaña de exterminio lleva casi medio siglo y sus llamas de odio han consumido cientos de miles de vidas de blancos inocentes.

Las condiciones sociales, económicas y sanitarias de los americanos blancos de Clase Baja (*rednecks*), en general, suelen ser extremas. Pese a lo que pueda parecer a priori, son los blancos quienes sufren mayores índices de pobreza, indigencia y demás problemas derivados de la marginalidad: prostitución, drogadicción, alcoholismo... Ellos no tienen un *Movimiento por los Derechos Civiles* que proteste por su situación; ya que parece que, únicamente, la vida de los negros es la que importa (*Black lives Matter*).

En los EEUU del siglo XXI, son los blancos los que se sienten institucional y laboralmente discriminados. Las políticas a favor de hispanos y negros (falsa *discriminación positiva*) no han hecho más que evidenciar la desconexión del sistema con los problemas de los eurodescendientes. El dañino racismo antiblanco se ha disfrazado de solidaridad integradora. Las políticas gubernamentales progresistas que tanto practican los Demócratas, pero también los Republicanos, han normalizado la segregación institucional de los blancos. El estado solo brinda su protección a los grupos raciales y religiosos de las *"minorías"*, bajo el falso pretexto de estar compensándolos por los tiempos de la esclavitud.

La supuesta igualdad entre razas en los EEUU se ha conseguido a costa de la pérdida de derechos de la población blanca. Las ganancias de una parte (*mexicano, indios o negros*) provienen del expolio injustificado a la otra (*los eurodescendientes*). Los agravios a los blancos en los EEUU son constantes. Pese a que el gobierno debería tratar a todos sus ciudadanos con imparcialidad, no lo hace. Millones de dólares, salidos del bolsillo del contribuyente, se malgastan en políticas de igualdad que únicamente benefician a las otras razas.

La administración useña de Barack Hussein Obama, el primer presidente afroamericano del país, ni siquiera se molestó en negar la existencia del racismo inverso. Los kalergianos se sienten fuertes y ya no tienen por qué ocultarse. Las políticas de discriminación positiva diseñadas por los kalergianos, están destinadas a perjudicar a los blancos y a beneficiar a las otras razas. Las cuotas étnicas que se fijan para el acceso a la educación universitaria o a los puestos de trabajo públicos (*correos, bomberos, policía...*) perjudican, injustamente, a los eurodescendientes. A medida que ha ido descendiendo la discriminación contra los negros, han aumentado en igual medida los prejuicios en contra de la población caucásica.

No es la primera vez que, en alguno de mis libros, hago mención del caso de la estudiante blanca: Bárbara Grutter. En 2003 su denuncia llegó hasta el Tribunal Supremo. En ella demandaba a la Universidad de Michigan por denegarle una plaza en la facultad de derecho por:

"Motivos raciales". Debéis saber que, en muchas universidades de los EEUU, a las personas de raza negra o ascendencia hispana se les da un colchón de veinte puntos en las pruebas de acceso. Esto los pone en una posición de ventaja o privilegio frente al grueso de los opositores eurodescendientes. En la Universidad de Michigan, por ejemplo, el 81% de los negros son aceptados frente a solo un 3% de los blancos. Eso fue lo que le ocurrió a Bárbara Grutter. No tenía el color adecuado y por eso fue rechazada.

Las universidades no actúan de forma neutral. Juzgan a sus alumnos en función de la raza, en lugar de sus credenciales. A pesar de que se supone que son la casa del saber, en realidad, son centros de lobotomización financiados por mecenas afines a la causa kalergiana. Para los rectores a sueldo del Nuevo Orden importa más la diversidad que la inteligencia o las ganas por saber y descubrir. Las instituciones educativas se han convertido en grandes laboratorios o cadenas de ensamblaje, en las que se implanta en el alumnado determinadas políticas de género, raza o ideología.

"Los kalergianos necesitan llegar a los miembros formados de la sociedad, en especial a esos jóvenes pertenecientes a los grupos raciales minoritarios. Implantando la semilla del odio racial al blanco, en sus maleables mentes, buscan debilitar el sentimiento o idea de pertenencia que hasta ahora les había hecho sentirse parte de una nación indivisible".

Desde las universidades estadounidenses se fomenta la crisis de identidad entre su alumnado. Profesores marxistas como la asiática: Yvette Felarca, la cual da clases en Berkeley; dirigen la oleada de violentas protestas estudiantiles que incendian las calles. ¿Quién es Yvette Felarca? Primero digamos que es un esbirro marxista, que se encuentra a sueldo del multimillonario mecenas progresista: George Soros. Esta profesora, además, lidera en California: *"La coalición en defensa de la acción afirmativa, la inmigración y la igualdad de género"*. El nombre de dicha organización lo dice todo. No hace falta explayarse mucho más, para saber de qué pie cojea. Felarca es otra globalista; una defensora de la violencia preventiva, para acallar a todos aquellos que disientan de su opinión. No estoy inventando nada. Ella misma lo reconoció, durante una entrevista con el presentador Tucker Carlson.

Yvette Felarca y muchos otros profesores filo marxistas se están encargando de deseducar a los jóvenes que tienen bajo su cargo. Les enseñan que prender fuego a las cosas, para impedir que aquellos que disienten puedan hablar libremente, como ocurrió en el caso del polémico periodista Milo Yiannopoulos; es progresismo. En su jerga sectaria, acallar a otros mediante la violencia física y verbal significa:

"Ser un guerrero de la justicia (SJW)".

Lo sorprendente del caso de Milo es que es: un británico gay, judío étnico y católico; pero esto no le facilitó las cosas el día de su ponencia en Berkeley. Para justificar que se le impidiera ejercer su derecho a la libertad de expresión, sus detractores lo quisieron vender como un:

"Nazi, xenófobo y machista que lidera a los supremacistas blancos".

Por supuesto que la Mass Media desinformadora compró enseguida el discurso de los *"Social Justice Warriors" (Guerreros de la Justicia Social)* para suministrárselo, de inmediato, al gran público aborregado. Os dais cuenta de cómo la izquierda es experta, en el arte de retorcer la realidad a su antojo. Mientras defienden la violencia preventiva como forma de evitar posibles agresiones, son capaces de transformar a un judío gay con un novio de la India en un peligroso neonazi, que lidera al Ku Klux Klan en los EEUU. Esto sí que es no dejar que la verdad, te estropee un buen titular.

¿Por qué los Guerreros de la Justicia Social odian tanto a Milo, que hasta le impidieron dar su discurso en la Universidad de California? Primero, por ser miembro del Alt-Right. ¿Qué es o son el *Alt-Right*? Pues no son más que un grupo de personas adscritas a los más diversos campos ideológicos o teológicos, que se han cansado de callar por miedo a ser etiquetados de: "*políticamente incorrectos*". Su apoyo a Trump durante las elecciones presidenciales a la Casa Blanca, es otra de sus señas de identidad; la cual le granjeó muchos y poderoso enemigos. Ser un gay que se opone a la política sectaria que practica el lobby LGTBQ en los EEUU, tampoco hace muy popular a Milo Yiannopoulos. Sus críticas al feminismo, a la islamización de Occidente y a la dictadura ideológica izquierdista lo han convertido en el objetivo número uno de los fanáticos antifascistas (*globalistas*) como: Yvette Felarca.

No existe la libertad de opinión o cátedra en los espacios universitarios useños. Terroristas estudiantiles afiliados a movimientos racistas como: "*Black Lives Matter*", se encargan de amedrentar al profesorado menos afín al ideario doctrinal globalista. La imposición de una temática excluyente, como la que se imparte en: "*el Mes de la Historia Negra*", impide que los blancos puedan ejercer su derecho a la réplica o discordancia; bajo pena de ser acusados de racistas. Y es que, el tema racial sigue en boga en los EEUU a base de alimentar el falso mito de la esclavitud y los campos de algodón.

Antes de continuar, quiero transcribir la conversación que se dio entre un gran actor afroamericano (*Morgan Freeman*) y el periodista Mike Wallace (*año 2006*); al respecto de si "*el Mes de la Historia Negra*" servía para algo.

Mike Wallace (MW): *¿Qué te parece el Mes de la Historia Negra?*
Morgan Freeman (MF): *Ridículo.*
MW: *¿Por qué?*
MF: *¿Vas a relegar mi historia a solo un mes?*
MW: *Oh, vamos…*
MF: *¿Qué haces tú con la tuya? ¿Cuál es el Mes de la Historia Blanca?*
MW: *Bueno…*
MF: *Vamos, vamos, dime.*
MW: *Bueno, yo soy judío.*
MF: *Ok, ¿cuál es el Mes de la Historia Judía?*
MW: *No hay ninguno.*
MF: *Oh, ¿por qué no? ¿Quieres uno?*
MW: *No, no, no.*
MF: *Muy bien, muy bien, yo tampoco. No quiero un Mes de la Historia Negra. La Historia Negra es la Historia Americana.*

Esclarecedoras y sinceras palabras las pronunciadas por este talentoso actor afroamericano. Es una pena que la mayoría de los negros de EEUU no piensen como él.

Los problemas de la raza o la identidad pesan mucho en la sociedad useña. Los negros no han asumido que su pasado como esclavos ya quedó atrás, es historia. Llevan más de un siglo siendo hombres y mujeres libres, pero no saben o no quieren valorarlo. El problema reside en que mucha de esta población afroamericana se niega a progresar, a olvidar viejos rencores. Los blancos del siglo XXI no son la minoría esclavista que compraba, utilizaba y vendía a seres humanos, pero, aun así, se empeñan en seguir criminalizándolos. El Mes de la Historia Negra se encarga de que la culpa colectiva, el sentimiento de victimismo y el enfrentamiento racial no caigan en el olvido. Los kalergianos medran a base de enfrentar a las dos Américas: a la de los blancos contra la de los negros.

El mes de febrero se utiliza para ensalzar en todas las escuelas del país los logros de los afroestadounidenses, su contribución a los EEUU, sus proezas físicas, su música... Da igual que seas blanco o pertenezcas a otra minoría étnica. Durante el Mes de la Historia Negra te harán creer que ellos son superiores, en todos los sentidos. Me atrevería a afirmar que hasta se llega a practicar una obscena idolatría mesiánica, en la que se sacan a procesionar en las aulas a los íconos del pueblo afro. Nunca mencionarán a esos blancos del norte y del sur que sacrificaron sus vidas, luchando por romper las barreras raciales que impedían la igualdad real. En cambio, sí que les hablan a los jóvenes del alcohólico comunista: Martin Luther King Jr; al cual le adjudican todo tipo de virtudes y proezas inimaginables. A dicho personaje me ahorro de etiquetarlo con el título de: "*doctor*"; ya que está más que probado, que lo consiguió ilegalmente.

"Martin Luther King es un farsante, es un hombre horrible".
(Jackie Kennedy, viuda del presidente Jonh F. Kennedy)

¿Quién es el verdadero monstruo que se oculta tras la máscara creada por la propaganda? Alejándonos de la versión oficial, la cual es la que ha terminado por pasar a la historia; nos encontramos con que Martin Luther King Jr. fue un *"religioso"* afroamericano, que encabezó la lucha por los derechos civiles de los negros. Al igual que ocurriría décadas después con el primer expresidente mulato de los EEUU: Barak Hussein Obama, a Luther King también le concedieron el Premio Nobel de la Paz en 1964. ¿Y cuáles fueron sus méritos para lograrlo? Principalmente ser negro; bueno, negro y marxista. Si tuviera que decir un adjetivo que definiera su personalidad, me quedaría con: *plagiador*. Plagió su primer sermón público y también su primer libro. Plagió su tesis doctoral, plagiaba sus discursos... La originalidad y el trabajo propio no eran algo que pudiera identificarse con el reverendo Luther King Jr.

El bueno del reverendo King no fue más que un acertado personaje teatral, que consiguió embelesar a casi toda la nación ueseña. Sus engaños fueron ocultados, durante décadas, por el mismísimo servicio secreto; para que el inmaculado rol político de *"luchador por la libertad"*, que la prensa le había adjudicado, no se viese manchado por sus infectos actos. Que su doctorado fuese falso, que su nivel intelectual fuese más bien bajo, que careciera de cualquier tipo de escrúpulo o que fuera un asiduo consumidor de pornografía y prostitución; fue ocultado por un *"bien mayor"*. Reconocer que Luther King no era el brillante afroamericano que aparentaba ser, hubiese supuesto un fracaso para los progres *"amantes de los negros"*.

La rastrera tergiversación que la mass media y la clase política ueseña hicieron de la realidad que rodeaba al negro King, no es sorprendente en absoluto. Los supremacistas afroamericanos y los sucios defensores kalergistas de la causa multiculturalista necesitaban de una figura pública, de tez oscura, de la que poder presumir y sacar a pasear cuando tocara chantajear a la sociedad blanca. Los lobbys izquierdistas estaban felices de tener a un personaje ambicioso, como Luther King, de su lado. Su codicia desmesurada hacía que no le importase ser un *"muñeco de paja"*, siempre y cuando hubiese una remuneración de por medio. El objetivo de los discursos creados para que King los repitiese como un loro ante las masas enardecidas, era el de lograr demonizar la visión de una América blanca. El sueño del reverendo Luther no era otro que el de:

"Lograr un país mestizo, que se rigiera por los dogmas ideológicos del marxismo político y cultural. La integración a la fuerza de los afroamericanos en las escuelas a las que acudían los hijos de los eurodescendientes, fue una de sus grandes victorias".

Los comunistas americanos siempre estuvieron de su lado. Era habitual ver a líderes como Myles Horton (*Partido Comunista de Tennessee*), Bayard Rustin (*Liga de Jóvenes Comunistas en el New York City College*) y Don West (*Partido Comunista de Carolina del Norte*) en compañía del vil pastor King. En dichas reuniones planificaban actos subversivos, para tratar de desestabilizar a los estados del sur en nombre de la *"integración"*; al instar a la población negra a cometer ataques violentos contra los blancos y sus propiedades. El discurso de la *"no violencia"* que practicaba ante las cámaras, no se sostenía fuera de ellas. Las algaradas revolucionarias que se originaban durante las marchas *"no violentas"* presididas por Luther King, fueron un anticipo de la guerra racial que estaba por venir (*Los Angeles-1992*). Los Panteras Negras (*Black Panther Party*) eran el brazo armado del *"Movimiento por los Derechos Civiles"*. El buen pastor se servía de ellos para eliminar a sus rivales, asustar a la comunidad blanca y evitar que la policía hiciese su trabajo. Los Panteras Negras se aseguraban de que ninguna autoridad molestase a los maleantes y saqueadores de raza negra que destrozaban las calles.

Cuanto más crecía la figura de Martin Luther King, más se disgustaban los mecenas que le habían aupado en su carrera. Que el reverendo tuviese tanto poder personal, llegando a contar con una milicia negra que servía de brazo armado para su movimiento; chocaba de frente con los intereses de los globalistas que lo protegían y financiaban. Ellos no querían destruir física y culturalmente la América homogéneamente blanca para, en su lugar, construir una América homogéneamente negra. El mestizaje era el objetivo, el medio y el fin en sí mismo. Para que el Nuevo Orden Mundial pueda afianzarse, las naciones, razas, etnias y culturas han de ser borradas. No hay lugar para países negros o blancos, estados chiitas o cristianos, culturas orientales u occidentales. Solo un *"pueblo"* es el que ha de mantenerse inmaculado.

Luther King no lo entendió, por eso murió asesinado en Memphis el 4 de abril de 1968. Antes de que fuese lo suficientemente fuerte, como para poder librarse de la correa que lo mantenía atado al trono del Rey David; este gigante con pies de barro fue quitado de en medio con suma facilidad. La historia nos enseña que: *"Roma no paga a traidores"*. En este caso en concreto, parece que los astutos Amos del Pensamiento agradecieron la fidelidad mostrada por su esbirro con la muerte. Cuando les dejas de ser útil o sobresales demasiado, te eliminan. Puedes creerte intocable, pensar que la fama te protegerá o que nadie se atreverá a tocarte un pelo; pero, si quienes manejan los hilos te señalan como su enemigo, puedes darte por jodido.

De todas formas, la muerte del negro King les terminó por salir rentable. Décadas después se sigue hablando de él y de su falso legado, de una manera casi reverencial. Pese a todas las evidencias existentes, las cuales nos demuestran que no era un "*hombre de fe*"; muchos prefieren hacer oídos sordos del asunto. Nadie puede empañar el buen nombre de su pastor y, como buen rebaño de mansos borregos que son, lo defienden con uñas y dientes.

Extraña comprobar que es entre la propia población afroamericana, donde surgen los mayores detractores del reverendo King. En cambio, vemos que a los blancos de clase media-alta les cuesta más aceptar que están equivocados. Dirán, con tono afligido: "*que todo son invenciones de los supremacistas del KKK*", "*que el FBI lanza globos sonda para desmoralizar a los afroamericanos*" o "*que pesan más los logros de Luther King que las cosas malas que éste pudo hacer*". Los yanquis blancos "*amantes de los negros*" son así. El "*Social Justice Warrior*" que anida en su interior, les lleva a creer que están obligados a defender a cualquier "*delincuente*"; siempre que éste pertenezca a una minoría étnica o, directamente, no sea de su raza.

¿Qué ha quedado de la progenie ideológica de King en la América del siglo XXI? Tenemos a los supremacistas negros del "*Black Lives Matter*", un grupo terrorista que ha elevado la guerra racial en EEUU a un nivel nunca visto antes. Iracundos vientos de odio barren los barrios de Ferguson, Nueva York, Charleston o Baltimore. Las acciones terroristas llevadas a cabo por los militantes del *Black Lives Matter,* amenazan con iniciar una nueva guerra civil en los EEUU. En sus manifestaciones hasta se han llegado a asesinar a policías; tal y como sucedió en Baton Rouge con tres agentes de la ley muertos, o en Dallas con otros dos más ejecutados.

La lucha racista llevada a cabo por el *Black Lives Matter*, es solo la última puntada dada en el tapiz de enfrentamiento étnico, que ha terminado por dividir en dos a la sociedad estadounidense. Los roles entre razas se han intercambiado. Ahora es a los blancos a quienes persiguen, linchan y cuelgan de los árboles. Miles de afroamericanos se han adscrito a este grupo paramilitar, dispuestos a tomarse la revancha racial con los eurodescendientes. Cuentan con el respaldo de poderosos lobbys de presión y los canales de Fake News también los apoyan en sus noticieros. Políticos como el judío Bernie Sanders o la esposa de un expresidente violador: Hillary Clinton, trataron de ganárselos durante la precampaña y la posterior elección presidencial. ¿Os imagináis que hubiera ocurrido si Trump, hubiese pedido el apoyo al Ku Klux Klan? Solo hay que ver como los medios del sistema se abalanzaron en masa sobre el candidato republicano y actual presidente, cuando el antiguo Dragón Rojo y ex miembro de la Cámara de Representantes de Luisiana: David Duke; admitió que lo prefería a él, en lugar de a la psicópata de "*crooked*" Hillary.

La férrea dictadura de lo políticamente correcto lleva a muchos estadounidenses a aceptar como algo "*bueno*" el eslogan: "*Las vidas negras importan*" (*Black Lives Matter*); pero, a la vez, les hace sentir repulsión el leer: "*Las vidas blancas importan*" (*White Lives Matter*). Aunque las experiencias reales de racismo que viven los blancos, en su día a día, no hacen sino que aumentar; no los verás causando revueltas y saqueando comercios. En cambio, los paladines del grupo terrorista *Black Lives Matter* y las masas que los siguen, utilizan cualquier excusa para exacerbar el clima de enfrentamiento racial en los Estados Unidos. "*El Poder Negro*", desde un punto de vista ideológico, es un peligroso virus que afecta a gran parte de la población afroamericana.

Hace tiempo que los afroamericanos han demostrado que no quieren convivir con los blancos. Casi nadie se atreve a denunciar lo peligroso que es su sectarismo étnico, por temor a sufrir todo tipo de ataques violentos por parte de los "*Social Justice Warriors*". "*El Poder Negro*" se utiliza para censurar la libertad de expresión y acción de los blancos. Cuando algún eurodescendiente consigue llevar el debate racial a los medios, enseguida la comunidad afroamericana sale a la palestra a hacerse la ofendida. Solo ellos pueden decir qué es o no es racismo, y está claro que nunca se acusarán a ellos mismos de ser xenófobos.

La esclavitud y la segregación hace mucho que quedaron atrás, pero los afroamericanos se agarran a ellas como a un clavo ardiendo. El tema de la raza siempre está a flor de piel en los EEUU, ya que es el *modus vivendi* de infinidad de ONGs y supuestas organizaciones antirracistas. El recuerdo constante de la época de la esclavitud y de las masacres de nativos durante las Guerras Indias, sirve para engrasar con su victimismo los engranajes de la máquina de hacer dólares. El miedo a abordar ciertos periodos o hechos históricos hace que los sentimientos pesen más que los hechos. Cuando se analizan los problemas de la convivencia multiétnica, solo hay un argumento posible para los *SJW*:

"*Los blancos tienen la culpa de todo*".

Los blancos se sienten alienados por culpa de los lobbys de presión. Todo aquel que cuestione, en público, que la inclusión y diversidad en los EEUU han fracasado; se encuentra de inmediato con la violenta y feroz oposición de los lobotomizados activistas antirracistas. A diferencia de las *minorías* étnicas, los eurodescendientes no cuentan con un "*espacio seguro*" donde puedan estar protegidos del lenguaje soez y los argumentos ofensivos de los anti blancos. La cultura de la culpabilidad colectiva les ha enseñado a los hijos de los eurodescendientes que:

"Todo lo malo que les pasa es por culpa de la negativa carga, que va unida a su identidad racial".

Muchos llegan a creérselo realmente y terminan convirtiéndose en víctimas de su propia endofobia. Aquellos eurodescendientes que no se sienten avergonzados de ser lo que son, es decir: *caucásicos*, son etiquetados de odiosos supremacistas, discriminadores y xenófobos; en definitiva: *Enemigos de la sociedad multicultural.*

"Cuando me preguntan qué siento por la gente blanca, mi respuesta es que odio a la gente blanca. Los odio a todos ellos".
(Samir Shabazz, líder de la Panteras Negras, Filadelfia)

Pocos son los que se atreven a desmentir los falsos dogmas étnicos, establecidos por la ideología dominante. La esclavitud fue abolida en Norteamérica en 1865. La segregación fue declarada inconstitucional por el Supremo en 1954. Los afroamericanos ya no son las víctimas. ¿Y quiénes son los que han pasado a ocupar su lugar en el fondo del abismo? Los americanos blancos. Constantemente son linchados en el plano moral, pero también en el físico. Los datos hablan por sí solos:

"Los crímenes violentos de carácter interracial (asesinatos, violación, agresión, robos y asaltos) en los EEUU, en los que el agresor es negro y la víctima de raza blanca; superan ya el millón al año".

Criminalidad catalogada según origen étnico:

(Las diez ciudades más violentas de los EEUU)

1. **Detroit, Michigan** - *82,7% afroamericanos.*
2. **St. Louis, Missouri** - *49,2% afroamericanos.*
3. **Oakland, California** - *28% latinos y 25,4% de afroamericanos.*
4. **Memphis, California** - *63,3% de afroamericanos.*
5. **Birmingham, Alabama** - *73,4% de afroamericanos.*
6. **Atlanta, Georgia** - *54% de afroamericanos.*
7. **Baltimore, Maryland** - *63,7% afroamericanos.*
8. **Stockton, California** - *12,2% de afroamericanos y 40,3% de latinos.*
9. **Cleveland, Ohio** - *53,3% de afroamericanos y 10% de latinos.*
10. **Buffalo, Nueva York** - *38,6% de afroamericano y 10,5% de latinos.*

Los eurodescendientes de Clase Media que se lo han podido permitir, han terminado por huir despavoridos de las zonas multiculturalizadas. Este fenómeno es conocido mundialmente como *"White Flight"* o *"Vuelo Blanco"*. ¿En qué consiste el *"White Flight"*? Es muy sencillo de explicar:

"Ante la peligrosa realidad que supone el vivir en un barrio o ciudad en el que tu etnia o raza es minoritaria, aquellos individuos con capacidad económica y laboral suficiente como para poder mudarse, optan por marcharse de forma masiva hacia zonas racialmente afines".

En casi todas las ciudades useñas, el modelo principal de convivencia que más se repite es el de: *segregacionismo o modelo de tablero de ajedrez*. Los individuos buscan compartir vecindario, con personas a las que puedan identificar como similares; véase el caso de China Town o Little Italy. Las personas suelen preferir un entorno homogéneo, en el que la convivencia con otros grupos étnicos sea la mínima. La llegada de nuevos miembros al barrio, siempre y cuando el origen de estos sea distinto al de la población de acogida; hace que surja el dilema de si unos pocos, son ya demasiados. ¿Por qué? La respuesta la tenemos en el *"Efecto Llamada"*. Si los colonos recién asentados ven incrementado satisfactoriamente su nivel de vida, puede ocurrir que se corra la voz y que nuevos foráneos decidan seguir su ejemplo. La llegada masiva de migrantes suele ocasionar que los residentes *"nativos"* opten por marcharse; lo que provoca al final, que aquellos oriundos que han decidido quedarse, pasen a convertirse en minoría.

Las fronteras se idearon para salvaguardar la vida, tierras e intereses de un grupo poblacional determinado. Normalmente suelen compartir lazos de sangre, religión y cultura. La libre circulación de personas nunca trajo nada bueno a las zonas de acogida. Lo estamos viendo con la crisis de refugiados en Europa. Pues con la multiculturalización forzada de ciertas franjas de EEUU, está ocurriendo lo mismo. Algunos malintencionados argumentarán que esto se debe a un sentimiento clasista, que lleva a los blancos a no querer compartir espacio con individuos de un menor estrato social. Esto es rotundamente falso. Lo que verdaderamente origina que los eurodescendientes levanten el vuelo, es su propio instinto de supervivencia. Al final, uno tiende a agruparse en torno a los suyos; a sabiendas de que allí estará más seguro, si surge algún tipo de conflicto. ¿Acaso no es este mismo pensamiento o idea el que originó la creación de los reinos, naciones e incluso imperios?

La década de los cincuenta trajo consigo los primeros conatos de *"White Flight"* en los Estados Unidos. Los sesenta, setenta y años ochenta no hicieron sino que evidenciar el problema de la convivencia interétnica. En la mayoría de los casos, la población blanca se vio desplazada por la llegada de miles de afroamericanos; los cuales elegían un área boyante, para ir construyendo inmensos guetos. No fue hasta mediados de los noventa y principios del año dos mil, cuando la población extranjera comenzó a ser la principal culpable del *Vuelo Blanco*. Este fenómeno ha cambiado drásticamente el mapa demográfico de los Estados Unidos. ¿Y cómo se aprecia? Basta con visitar ciudades multiculturalizadas para darse cuenta, de que el grueso de población eurodescendiente que habita en ellas es ínfimo.

Toca ponerle nombre y cara a la problemática de la convivencia. La ciudad de Gary, en Indiana, fue una de las primeras en sufrir el *Vuelo Blanco.* Edificada a las orillas del lago Michigan, su motor de crecimiento poblacional se alimentaba de los salarios que pagaba la pujante industria siderúrgica. En su época de mayor expansión censaria, llegó a contar con más de doscientas mil almas. Sobra decir que, tan solo un pequeño porcentaje de las mismas no era de origen eurodescendiente.

Atraídos por las expectativas de futuro y también reclutados por las propias empresas siderúrgicas, en la década de los setenta comenzaron a llegar miles de afroamericanos. En un principio, la convivencia entre nativos y recién llegados fue medianamente tolerable; aunque nunca idílica. Como la oferta de empleos bien remunerados superaba a la demanda, el tablero de ajedrez étnico pareció funcionar. Los primeros roces entre blancos y negros en la ciudad de Gary comenzaron a surgir a principios de los años ochenta, en la llamada: *"Década Perdida"*; cuando una gran crisis económica barrió todo el país.

Muchas fábricas cerraron, las grandes corporaciones deslocalizaron sus centros de producción y las industrias extractivas comenzaron a importar mano de obra barata desde México; lo que puso fin a la época dorada de los EEUU. Con menos empleos para el mismo censo de población, la competitividad agudizó los conflictos raciales. El paro se adueñó de Gary, obligando a negros y blancos a luchar ferozmente por los mismos puestos. Al no haber trabajo para todos, muchos optaron por la vía de la delincuencia. La inseguridad se apoderó de las calles, el negocio de la droga envenenó a sus habitantes, los asaltos y agresiones a plena luz del día se volvieron una constante. Poco a poco, Gary se fue vaciando de eurodescendientes; quedando tan solo aquellos que no pudieron permitirse el emprender el vuelo. Actualmente, el 84% de su población es afroamericana y menos del 11% es blanca.

Las grandes ciudades de los EEUU son pasto del multiculturalismo. Detroit, "*el motor de América*", es otro de esos oscuros agujeros que ha seguido el funesto ejemplo de la ciudad de Gary. El censo de Detroit revela que casi el 82% de sus habitantes son de origen afroamericano. En Miami no son los insurrectos negros quienes han desplazado a los eurodescendientes, sino los latinos. En la actualidad, su población blanca no llega ni al 10%. En Baltimore o Chicago también se deja sentir la "*White Flight*" con fuerza. Quedarse atrapado en estas ratoneras multirraciales, sobre todo si eres blanco, es algo muy peligroso.

La violencia contra los blancos va en aumento, por más que la prensa del sistema trate de ocultarlo. Las imágenes de los asaltos, palizas o agresiones sexuales que tienen por víctimas a los eurodescendientes, son distribuidas por los propios agresores en las redes sociales. Los noticieros nunca informarán a sus televidentes sobre ello. Ni siquiera plantean el debate de si es legítimo reproducirlas o no. Bueno, esto no es del todo cierto. De vez en cuando, sí que surgen casos aislados que tienen por agresor a un blanco y por agredido a un negro. Ese tipo de noticias sí que son del interés de los medios. Por ello, vuelcan toda su tecnología y recursos humanos para retransmitir cada detalle escabroso de la historia; sea o no verdad. De nuevo volvemos a encontrarnos con que existen víctimas de primera y de segunda, en función del color de la piel.

Pero, ¿qué ha ocurrido tras los casos que os voy a citar a continuación? ¿Cuánto tiempo les dedicaron los grandes canales de noticias? ¿Salió algún político a denunciar el racismo que motivó cada golpe o asesinato? ¿Hubo manifestaciones violentas arrasando las calles useñas? Antes de continuar, siento destriparos el final: *No sucedió nada de nada*. Todas las víctimas detrás de las tres historias que os voy a relatar, tenían algo en común; y es que: ¡Eran blancas! Aviso a los lectores más sensibles e influenciables que los hechos que voy a transcribir, pueden resultar chocantes. Si sois menores de 16 años, no os los recomiendo leer. Para todos los demás, os aconsejo que estéis preparados para descubrir la cara más oculta y sangrienta del multiculturalismo.

1. *Cuatro delincuentes negros (dos mujeres y dos hombres) secuestraron a un discapacitado blanco, en la ciudad de Chicago, mientras regresaba a su casa. Lo llevaron a un edificio abandonado y durante horas le estuvieron pegando. Incluso llegaron a retransmitir las torturas en directo, durante treinta interminables minutos, en la red social de Facebook Live. Cientos de sus contactos en internet, también de raza negra, lo estuvieron visionando y ninguno de ellos avisó a la policía. En las imágenes se puede apreciar, de querer hacerlo, como tienen*

al joven discapacitado mental amordazado en una esquina. Utilizaron un cuchillo para arrancarle el cuero cabelludo y, de paso, realizarle diversos cortes por el cuerpo. Además, le apagaron cigarrillos en la cara, lo patearon y le obligaron a beber agua sucia del inodoro. Todo esto ocurría mientras los cuatro afroamericanos lanzaban insultos contra Trump. También obligaron al joven a proferir insultos en contra de su propia raza. Cuando todo esto se supo y se detuvo a los culpables, la prensa trató de correr un tupido velo diciendo que: "No se trataba de un caso de racismo, sino que las drogas eran las culpables". A los dos días, ya ninguna televisión hablaba sobre ello. Otra salvaje agresión xenófoba anti blanca había quedado impune. Nadie pensó en las secuelas que le han quedado a aquel joven discapacitado blanco y también a su familia. Lo más probable, es que estos negros salgan en cuatro días a la calle y encima vuelvan a cobrar todo tipo de ayudas sociales. La propia justicia dijo que no hay racismo, cuando cuatros afroamericanos obligan a gritar a su víctima: "¡Qué se jodan Trump y los blancos!". Verdaderamente repugnante.

2. En Knoxville, Tennessee, se perpetró uno de los más abyectos crímenes de odio racial de la historia de los EEUU. Las víctimas de dicho crimen fueron una atractiva y prometedora pareja de estudiantes blancos: Channon Christian y Christopher Newsom. Ambos tuvieron la mala fortuna de caer en manos de cinco psicópatas afroamericanos: E. Boyd, George Thomas, Letalvis Cobbins, Vanessa Coleman y Lemalicus Davidson. Los cargos de los que finalmente se acusó a estos sádicos negros, fueron

los siguientes: secuestro, violación, mutilación, tortura y asesinato. Con ello os podéis hacer una idea, de lo que pudo llegar a ocurrir; pero profundicemos un poco más. En enero de 2007, en la ciudad de Knoxville, Channon Christian y Christopher Newsom fueron metidos a la fuerza en un vehículo por tres fornidos afroamericanos. Los llevaron a su guarida y, una vez ahí, lo primero que hicieron los cinco hombres negros fue violar a Christopher Newsom frente a su novia. No se contentaron con sodomizar brutalmente al indefenso joven caucásico. Así que, también le metieron una barra por el ano y lo castraron vivo. Aburridos de su macabro juego, finalmente le dieron muerte a balazos y quemaron su cadáver. Conviene recordar que todo esto, lo hicieron delante de una aterrada Channon Christian; a la cual obligaron a mirar. Channon no corrió mejor suerte que su novio. Es más, su agonía duró cuatro días. Durante su cautiverio fue violada anal, vaginal y bucalmente. Le orinaban y defecaban encima, la quemaban con cigarrillos y hasta le mutilaron los pezones. También abusaron de ella introduciéndole un objeto por la vagina, una pata de una mesa, que le llegó a perforar el útero. Cuando ya no les quedaba casi ninguna tortura por probar, el grupo de criminales roció con legía el cuerpo de Channon y también le obligaron a beber detergente; creyendo que así borrarían las evidencias de ADN dejadas por su semen. Una vez hecho esto, la envolvieron en unas cortinas de plástico de ducha y la asfixiaron. Pensando que la habían matado, la escondieron en un contenedor de basura en el que agonizaría durante horas. En el momento de ser detenidos por las autoridades useñas, se descubrió que los cuatro hombres y su cómplice mujer ya habían sido condenados, anteriormente, por delitos violentos de carácter racista. Aterra saber que casos como estos pueden suceder y que a nadie le importarán. Los blancos estamos desprotegidos e indefensos. En cualquier momento podemos ser sacrificados como animales. No penséis que los políticos crearán leyes para protegernos del odio xenófobo, nada de eso. Borrón y cuenta nueva. Mejor loar las virtudes de la falsa convivencia multicultural, antes que abordar los problemas que ésta origina.

3. *En diciembre del 2000, en la localidad de Wichita (Kansas), dos hermanos afroamericanos asaltaron una casa situada en un barrio residencial blanco. Resultó que no estaba vacía, ya que un grupo de amigos se encontraban reunido mientras cenaban. De inmediato sacaron sus pistolas y los apuntaron. Luego coaccionaron a los hombres, para que abusaran de las mujeres que había en el cuarto; aunque, al poco, la pareja de negros se sumó a la violación. Una vez terminaron, obligaron al grupo a subirse a una camioneta. Los asaltantes afroamericanos condujeron hasta un campo de fútbol cercano; no sin antes hacer que sus víctimas, sacasen dinero de un cajero de crédito. Los coaccionaron a bajar y abrieron fuego contra ellos. Cumplido el trabajo, los negros regresaron a la casa de los jóvenes y la saquearon. La orgía de sangre no acabó aquí, ya que también asesinaron a la mascota de una de sus víctimas: un perro. Fueron los vecinos quienes avisaron a la policía; al ver a dos extraños, en plena noche, cargar aparatos eléctricos en una camioneta. Durante el juicio, los hermanos Reginald y Jonathan Carr contaron con el apoyo racista de importantes y mediáticos*

miembros de la comunidad afroamericana. ¿Por qué? Pues porque eran negros y las víctimas eran blancas. Por lo tanto, el factor raza les importó más, que todo el sufrimiento que habían causado dos de los suyos.

Supongo, que os sorprenderá el poco eco mediático que tuvieron estos tres casos. Son solo tres macabros sucesos, los que he elegido; pero podrían ser cientos o miles. Llenaría varias obras si tan solo los citara, uno a uno; y es que, los crímenes racistas anti blancos suceden con mucha más frecuencia de lo que uno se espera. Por cosas menores, la mass media ha estado dándonos la tabarra durante semanas. Los supuestos casos de cruces ardiendo, colocadas por los propios negros en sus iglesias, se convierten en asunto de estado; pero con algo tan atroz callan. ¿Acaso no les interesa que el pueblo americano sepa la verdad? Por supuesto que no. La gran conspiración anti blanca y antieuropea requiere de una masa de iletrados desinformados, para poder llevar a cabo sus planes de dominación mundial.

Seguramente y esto es lo verdaderamente indignante, de tener otros protagonistas en el rol de víctimas, el mundo occidental se hubiese conmovido e indignado con sus muertes. Millones de personas llenarían las calles, exigiendo el derecho a tomarse la justicia por su mano; es decir: *linchando a los culpables.* La justicia no sería ciega y actuaría de parte, aplastando con su bota los derechos constitucionales del reo. Tirarían la llave de sus celdas al fondo del océano, para que nunca más pudieran salir y hacer daño a nadie. Incluso se señalaría y estigmatizaría a todos aquellos que, un día, tuvieron un mínimo trato con los agresores. No existiría paz para los asesinos, ni en la otra vida. Sus cuerpos nunca obtendrían sagrada sepultura. El recuerdo de los mártires del odio racial no caería en el olvido. Posiblemente, sus nombres serían grabados en monumentos de piedra; en los que las autoridades se reunirían todos los años, en la fecha de su asesinato, para rendirles honores. Cada aniversario se televisarían las películas y series que Hollywood produciría en su honor; las cuales se llevarían todo tipo de premios y ovaciones de la crítica.

Qué diferente hubiera sido todo si, en lugar de ser blancos, hubiesen sido negros o latinos los corderos entregados al matadero multicultural. Estos mártires tuvieron la mala fortuna de nacer en el seno de una raza estigmatizada, odiada y perseguida. Su bello color de piel no les hace merecedores de la atención de los adalides de la libertad y el progreso. Ellos están a cosas más importantes, ya sabéis:

"Exigir el uso del burkini en las piscinas públicas, legalizar la pedofilia, normalizar la transexualidad y transracialidad, obligar a los conventos católicos a financiar los abortos, imponer el estudio de la ideología de género en las escuelas, protestar contra Trump y demás acciones heroicas que les hacen ganarse el título de: "Guerreros de la Justicia Social" (SJW)".

Exigir que todo el peso de la ley caiga sobre los criminales negros, es cosa de racistas del KKK. Los afroamericanos siempre son las víctimas del odio racial, ¿o no?

El conglomerado económico y mediático que parasita la vil marca *Hollywood* es el encargado de silenciar, minimizar o ridiculizar el sufrimiento de los eurodescendientes. El poderoso lobby del cine, monopolizado por el pueblo de David, vende a los americanos nuevos modelos de familia, valores y pensamientos ideológicos que van más acorde con los intereses del Nuevo Orden Mundial. El lobby LGBTIQ es uno de los principales beneficiarios de la agenda kalergiana, que rige las producciones de Hollywood. Utilizando todo su poder mediático (*películas, series y actores famosos*), manipulan el lerdo criterio de la población estadounidense; haciéndoles creer que, hasta el momento, habían vivido fuera de onda. Ser heterosexual ya no mola. Ahora lo que se lleva es hacerse transexual, zoofílico, asexual, gay, lesbiana o poliamoroso. Ser "*bi*", bisexual, ya no es tan transgresor. Por eso, no vende tanto entre su "*target group*" o consumidores a los que va dirigido su producto audiovisual.

Los activistas en pro de la causa homosexual son mayoría en las filas de Hollywood. Su éxito imponiendo la ideología del anti género entre sus fans o seguidores, es fruto del constante repiqueteo de sus mantras en los medios de comunicación, revistas o entrevistas. La industria del entretenimiento, es la industria de los antivalores. Miles de millones son invertidos, todos los años, para cambiar la visión y el modo de vida que tienen los estadounidenses. De esta forma, es como se han llegado a normalizar e incluso sacralizar las prácticas homosexuales; sobre todo entre los más jóvenes e influenciables. A través de la narración de historias, más o menos entretenidas, han terminado por crear una conciencia colectiva asentada en los nocivos dogmas de lo políticamente correcto.

La libertad de expresión no existe cuando uno quiere opinar, de forma sincera, sobre la mala calidad de las películas modernas. Si alguien se atreve a decir, por ejemplo, que no le gustó "*La chica danesa*", dirigida por Tom Hooper y protagonizada por Eddie Redmayne; enseguida lo acusarán de ser un tránsfobo. ¿Cómo no te puede conmover la historia de un hombre que se viste de mujer y que, encima, termina cambiando su sexo? Si además te dicen, que está basada en la vida del pintor transexual "*Lili Elbe*"; cualquier ameba políticamente correcta asentirá, diciendo que es una obra maestra. Solo un homófobo, transfobo, racista, capacista y demás términos estigmatizantes utilizados por los "*Guerreros de la Justicia Social*"; no se sentiría conmovido. Y claro, ocurre que a muchos les aterra quedarse fuera del rebaño; siendo señalados por los inquisidores hípsters del mal llamado: *séptimo arte*. Por eso callan su opinión y asienten afirmativamente como borregos, cuando les preguntan si les gustó un bodrio de proporciones épicas como es: "*La chica danesa*".

En la América progresista del siglo XXI, dar tu opinión es incitar al odio. Decir que algo no te agrada, es difamar. Querer preservar la raza y sexualidad de ciertos personajes iconográficos es: machismo, racismo y homofobia. Llegados a este punto, no conviene olvidar mencionar el fenómeno Hollywoodiense conocido como: "*Blackwashing*"; el cual está tiñendo el rostro de los ídolos de la sociedad americana. Seguramente a muchos no os suene, ni remotamente, dicho término o anglicismo. A continuación, pasaré a explicar su significado:

- **BlackWashing:** *Emplear a actores negros para interpretar a personajes tradicionalmente blancos.*

¿Cómo surgió este fenómeno? ¿Quizás el "*BlackWashing*" es un subproducto de una redescubierta transracialidad, como le pasó a la activista Rachel Dolezal? Nada más lejos de la realidad. Encumbrar a los actores negros al Olimpo de los dioses mediáticos, es algo que siempre ha tenido un largo y fructífero recorrido en la historia de Hollywood. La diversidad étnica en la industria del cine significa:

"Cuantos menos eurodescendientes salgan, mejor".

El *"BlackWashing"* viene a acentuar, todavía más, la discriminatoria sensación de que: *Ser blanco es algo malo*. Al relegarnos a papeles secundarios, invisibilizan a nuestra raza de cara al público que llena las salas de cine. Eso sí, cuando los blancos obtienen algún papel importante, su rol se centra en hacer casi en exclusiva el papel de: psicópatas, violadores, asesinos, racistas, pringados o fumetas; con lo cual, nos están criminalizando y estigmatizando. Os podéis imaginar el pernicioso ejemplo que eso supone, para los confusos jóvenes blancos que las visionan. Gracias a ello, los kalergianos logran modificar los estándares de valores y el comportamiento de los hijos de los useños eurodescendientes.

Pese a la clara y evidente predilección de Hollywood y sus directores judíos por los actores negros, éstos no dejan de indignarse cuando algún artista blanco es galardonado. Will Smith encarna ese racismo, que anida en el corazón de la comunidad artística afroamericana; al haberse negado al ir a la entrega de los Oscar, por considerarla demasiado blanca. Will Smith vino a decir que:

"Los negros han de ser premiados todos los años,
solo por ser negros".

Escuchar la verdad, muchas veces duele. No siempre las películas de Hollywood encarnadas por afroamericanos, son merecedoras de algún tipo de premio. Parece que a algunos les cuesta entender esta verdad tan simple, como al director Spike Lee. Si en verdad fueran antirracistas todos esos que se indignan y vociferan porque no hay nominados negros para los galardones principales, no dirían nada y mucho menos se rasgarían las vestiduras. El color de la piel sería lo de menos en este asunto. Se supone que lo que cuenta es la calidad de la interpretación y, si no lo mereces, no lo mereces. En realidad, a las personalidades negras del showbusiness Hollywoodiense les importa un bledo lo qué es justo o no. Su intolerancia racial con los eurodescendientes los lleva a preferir no acudir a un evento, antes que reconocer que quizás los suyos no eran merecedores de honor alguno.

El mulato de Obama comparte el mismo sentimiento revanchista, que otros afroamericanos mucho más puros que él. El Premio Nobel de la Paz fue capaz de dejar a su novia *"medio-blanca"* (*Sheila Miyosi*), para llegar al poder. Ya por aquel entonces sus asesores fueron conscientes de que, una relación interracial con una blanca, le perjudicaría de cara a ganar el voto *"afro"*. La ecuación político racial es de lo más sencilla:

"A los negros les gusta que les hable otro negro, de cómo resolver los problemas de los negros, culpando al diablo blanco".

Un "*nigga*" nunca simpatizará con un político o actor afroamericano que esté casado con alguien de raíces eurodescendientes. Los "*cracker*" (*persona de raza blanca*) son el enemigo. Se puede compartir lecho con sus mujeres, pero nunca apoyar sus causas. No me cansaré de repetirlo:

"Los afroestadounidenses son mucho más racistas que los latinos, chinos o blancos".

Pese a ser un mestizo de clase alta, Obama también supo darse cuenta de esta verdad o realidad étnica:

"Un matrimonio interracial reduce las opciones en política".

El expresidente canceló el compromiso nupcial que había adquirido con su novia, cuando la idea de presentarse al cargo de gobernador comenzó a planear por su mente. Libre ya de la carga racial de su ex prometida, Obama se ganó el apoyo económico de Oprah Winfrey y del furibundo racista Jeremiah Wright; ambos pertenecientes a la iglesia negra de la Trinidad de Cristo, en Chicago. Tras romper con su novia blanca, se buscó una esposa y ahí apareció la ex primera dama Michelle; con la cual había engañado varias veces a Sheila Miyosi en el pasado. Como para el resto de los afroamericanos: *Las mujeres blancas que pasaron por su vida no fueron más que cubos de esperma, en los que vaciar sus fluidos.* Así es el Premio Nobel de la Paz, el primer presidente seudo afroamericano, el luchador por los derechos civiles, el paladín de la progresía mundial; el ambicioso y manipulador: Barack Hussein Obama. Si la diversidad étnica y la convivencia no iban con él, mucho menos han de venir con nosotros. Si un medio negro puede aspirar a ser un negro completo, ¿por qué los eurodescendientes en los EEUU no pueden seguir siendo blancos y libres?

No nos engañemos, diversidad étnica no significa riqueza cultural. El arco iris que es América sigue perfectamente segmentado y parcelado por colores. Salvo los blancos eurodescendientes, pueblo estupidizado por la propaganda buenista kalergiana; el resto de pueblos y razas mira, casi en exclusiva, por los intereses de los suyos. No esperéis que a un afroamericano le importe que un *"redneck"*, malviva en un parque de caravanas. Probablemente, piense que el "*blanquito*" se lo tiene más que merecido. Tampoco veréis a la comunidad árabe-islámica lanzarse a la calle en masa a protestar, por los atentados que individuos que comparten su religión han cometido en suelo useño. Mucho menos escucharéis a la comunidad judía, tan dispuesta ella a denunciar supuestos casos de antisemitismo; protestar por el genocidio racista del que son víctimas los eurodescendientes. A los únicos buenos para nada, los imbéciles de turno, los castrados mentales, ya sabéis: los *Social Justice Warrios*; que escucharéis rebuznar defendiendo los privilegios de los demás, son a los propios blancos.

Los blancos de Europa, América, Australia o África compartimos orígenes y fieros enemigos. Además, somos víctimas de la misma conspiración. A todos nos han educado o programado para no devolver los golpes, para ser sumisos, temerosos y obedientes ciudadanos de bien, abnegados pagadores de impuestos, pusilánimes incapaces de organizar una mera revuelta, individuos descastados y desrazados; en definitiva: *Esclavos del Nuevo Orden Mundial*. El gran aquelarre kalergiano no se detendrá, hasta ver correr litros de sangre blanca por las calles. Las ciudades occidentales serán envueltas en llamas y abandonadas al pillaje. Las banderas enarboladas gloriosamente por nuestros antepasados, soportarán las pisadas de las apestosas pezuñas del invasor tercermundista. Nuestra será raza exterminada de la faz de la tierra y, aun así, los kalergianos nos seguirán odiando.

Tic, tac, tic, tac. El reloj político-biológico corre en nuestra contra. ¿Llegaremos a tiempo a la revolución o nuestra pertinaz inoperancia nos hará ser impuntuales? En los EEUU ya se han atrevido a dar el primer paso, eligiendo a Donald Trump como su nuevo líder mesiánico. El pueblo americano ha optado por desobedecer las consignas de la Mass

Media. En lugar de dar su voto a la mezquina marioneta de los Amos del Pensamiento, que es Hillary Clinton, se han plantado y han mostrado su apoyo al candidato más antisistema del sistema. Sé que no es perfecto, pero por algo se empieza. ¿Y en España, Portugal, Francia e Inglaterra? ¿Seguiremos temiendo y rechazando el cambio? Tic, tac, tic, tac. La hora del juicio final se acerca. Más nos vale estar preparados.

AMÉRICA LATINA

América Latina, es decir, la América de los países hispanohablantes y en menor medida lusófonos; es una de las zonas del planeta con mayor diversidad racial. Su población es descendiente de una amalgama innombrable de pueblos. Cientos de miles de aventureros arribaron a sus costas, tratando de alcanzar el mágico Dorado; gracias a que los conquistadores españoles y portugueses les abrieron el camino siglos atrás. En función de la región que queramos examinar, comprobaremos que el porcentaje de sangre blanca y la presencia de eurodescendientes varía de un país a otro; dependiendo de su historia o relación con los movimientos migratorios venidos del otro lado del Atlántico. Inicialmente, los primeros blancos (*españoles y portugueses*) llegaron representando el papel de colonos del rey. Con el paso del tiempo y las sucesivas guerras de independencia, su rol cambió y entonces pasaron a realizar el papel de viajeros asalariados.

La realidad es que la totalidad de la población blanca que habita dentro del espacio geopolítico y cultural definido como: *"Latinoamérica"*, es descendiente directa de los ciudadanos llegados del continente europeo. Sus ricos genes les vienen de los conquistadores del reino español y portugués; aunque yo prefiero decir: *aventureros*. Entre los siglos XV y XIX, ambos reinos estuvieron aplicando la *"movilidad geográfica"* con su exceso de población; trasladándola del Viejo Mundo al Nuevo. No nos llevemos a engaño. La milenaria piel de toro no fue la única que vio partir a sus hijos hacia un futuro incierto. Los italianos que se establecieron en Latinoamérica, especialmente en Argentina, comenzaron a llegar a mediados del siglo XIX. Las guerras y persecuciones religiosas sucedidas en Europa del este, entre principios del siglo XIX y mediados del XX, empujaron al exilio transoceánico a miles de sus ciudadanos; y con ellos, a su sangre eslava. Judíos, británicos, franceses, alemanes u holandeses fueron otros pueblos que se establecieron en el continente americano.

Podemos cuantificar el porcentaje total de la población blanca que habita en el espacio "*Latinoamericano*", de una forma más o menos creíble, en apenas un 36%. Es muy difícil saber la cifra exacta de los mismos, ya que las estadísticas disponibles a veces incluyen un porcentaje de población que se declara: "*étnicamente blanca*"; aunque, en realidad, sean de ascendencia mestiza. El mayor número de criollos o blancos se concentran en el Brasil, Argentina, Uruguay y México. Dentro de sus fronteras acogen a casi el 80% del total de los blancos, que habitan en América central y del sur. Sabiendo esto, ¿es lícito afirmar que "*la América Latina y la Lusófona*" son territorios blancos? Mi respuesta es un rotundo y mayúsculo: *NO*.

Aunque a los blancos que habitan en Latinoamérica sí se les puede aplicar el concepto de "*nativos*", hay que tener en cuenta que comparten espacio geográfico con otros pueblos y razas también nativos. Según la visión defendida por indígenas cocaleros como Evo Morales:

"Los eurodescendientes o criollos son extranjeros invasores,
pese a llevar más de cuatro siglos viviendo allí".

Habría que preguntarles al narco presidente de Bolivia y a los demás sátrapas neomarxistas cuánto tiempo necesita alguien, para poder considerarse oriundo de la zona en la que reside. El difuso y opresivo Imperio Azteca no llegó a los tres siglos de duración *(1325-1521)*, a base de imponerse a sangre y fuego sobre otras tribus. Pese a ello, a día de hoy, muchos mexicanos se sienten descendientes directos del mismo y no de los valientes españoles; los cuales les dieron una religión, cultura y civilización al estilo occidental.

En América no existe ningún pueblo originario. Pensar que Aztecas, Mistecos, Siux, Chorotis o Aimaras siempre han estado ahí, revela un pérfido e interesado desconocimiento de la historia. La raza primigenia o aborigen del continente americano no llegó cruzando el Estrecho de Bering hace más de 10.000 años. Antes de que las primitivas tribus provenientes de Asia cruzaran el Puente de Beringia, una raza de hombres desconocida para la mayor parte de los mortales: "*Los Aborígenes de Chile*", ya estaba dejando sus huellas en la cadena montañosa de los Andes. Durante la época del Descubrimiento, cronistas españoles dejaron constancia de las historias que los indígenas contaban sobre la existencia de unos aborígenes de piel y cabellos claros. Supuestamente ya estaban allí, cuando sus ancestros pusieron por primera vez sus pies en el continente americano.

Pocos son los que se atreven a afirmar, por temor a ser etiquetados de "*locos racistas*", que en las venas del verdadero hombre americano de la antigüedad no corría la sangre asiática sino la blanca. Los proto mongoloides y mongoloides de los que descienden los indígenas actuales, desplazaron a dicha población mediante la guerra y el exterminio. Después de cruzar desde Siberia hasta Alaska, tomaron dos rutas: *la de la costa del Pacífico o atravesando las Montañas Rocosas*. A su paso, fueron masacrando a la escasa y poco tecnificada plebe aborigen con la que se fueron encontrando. Es por eso que, cuando los españoles llegaron por primera vez a América, la presencia de grupos aborígenes o "*indios blancos*" era casi residual.

No deja de ser curioso que los mismos indigenistas que acusan a los europeos de invasores genocidas, hicieran lo mismo en el pasado, cuando decidieron asentarse en un territorio que no era el suyo. ¿Acaso sus ancestros les preguntaron a aquellos *"indios blancos"*, si podían y querían compartir el mismo espacio vital? ¿Quizás llegaron hasta el Cono Sur mediante besos y abrazos, o más bien se abrieron paso ensartando a la población originaria con sus *Clovis, Tencualacmitls y Yaomitls*?

De vez en cuando, conviene echar la vista atrás para que la verdad no caiga en el olvido; sepultada por la historiografía que aquellos que nos gobiernan desde las sombras, han implantado a nivel mundial. El continente americano es víctima de la misma indolencia memorial, que ha terminado por sumir a la Vieja Europa en una tenebrosa era de tinieblas. La gran mayoría de sus ciudadanos son incapaces de ver más allá de la versión oficial, que les es suministrada. De nada sirve emprender discusiones bizantinas, con quienes no están dispuestos a escuchar. Para ellos, los *"verdaderos americanos"* son los amerindios de origen asiático y no hay quien les saque de este dogma.

El campo de las teorías indigenistas ha sido ampliamente abonado por la masonería. De ahí que, su superchería cale tan fácil entre la población de a pie. Es entre la masa iletrada de negros, indios o mestizos en donde estas descabelladas ideas tienen mayor aceptación. Necesitan un chivo expiatorio, alguien al que poder acusar de ser el culpable de la situación de pobreza en la que viven, un demonio al que señalar; y si es blanco, pues mucho mejor. Su trasnochada doctrina los lleva a creer que detrás de todo eurodescendiente, hay un nieto de saqueadores españoles; el cual vive bien, gracias al oro que arrebataron a sus antepasados indios. Curiosamente, está bien visto y permitido pensar así. Es más, muchos políticos populistas utilizan este tipo de mensajes simplones para ganarse los votos y el favor de la masa iletrada. Vemos el caso de Maduro o el difunto Hugo Chávez en Venezuela, Rafael Correa en Ecuador, los Castro en Cuba, Evo Morales en Bolivia, Michelle Bachelet en Chile, Daniel Ortega en Nicaragua, Dilma Rousseff, Lula da Silva en Brasil o los Kirchner en Argentina.

La ideología populista de carácter indigenista fue creada, financiada y difundida por las marionetas políticas de la masonería internacional, para minar el *"poder blanco"* en el continente americano. Ya fuera luchando contra la vieja Corona Española en tiempos del supuesto libertador colombiano: José Simón de Bolívar, o criticando al todopoderoso imperio yanqui de los Bush, Clinton, Obama, Trump y compañía; la verdad es que, el discurso de los líderes populistas es siempre el mismo. Los populistas defienden que las injusticias sociales que sufren los indígenas pobres, son culpa de los burgueses blancos y no de la inoperancia político-administrativa de sus caudillos tropicales.

Según la versión latino-marxista de la historia:

"Los indígenas (identificados como el bien) vivían apaciblemente, hasta la llegada de los blancos españoles (la representación del mal); los cuales se apropiaron de sus recursos, practicaron el genocidio e impusieron la dictadura. Durante siglos estos "indígenas" estuvieron oprimidos por la bota del criollo, hasta que aparecieron las figuras de los caudillos masónicos; que primero los liberaron de Castilla y, finalmente, del poder de la extrema derecha blanca".

Cualquier persona con dos dedos de frente se daría cuenta de la falacia que supone tal argumento. De todas formas, debéis tener en cuenta que es entre los mestizos de clase baja y las comunidades indígenas poco evolucionadas donde más cala. ¿Por qué? Por la ignorancia de dichas gentes. Algunos políticos y periodistas junta-letras occidentales, afines al marxismo, tratan de legitimar a los regímenes populistas "*latinos*" argumentando que: "*Son la expresión del pueblo llano*". Parece que les va la vida en ello, cuando tienen que defender a los tiranos rojos que empobrecen a América Latina. Da igual que existan múltiples razones objetivas, que evidencian que:

"*El indigenismo político nunca ha traído el desarrollo económico*".

La cultura democrática que puedan tener los rojos revolucionarios bolivarianos, es prácticamente nula. El sistema de libertades, tal y como lo conocemos en Europa, es inexistente en zonas como Cuba. Las desigualdades en la distribución de la riqueza, no han hecho sino que crecer durante sus mandatos. Y, aun así, la izquierda caviar europea sigue apoyándolos. ¿Y cómo es que logran mantenerse en pie estos tiránicos sátrapas? Los regímenes populistas se valen del terror y la extorsión para poder mantener el orden interno. Las tensiones sociales son sofocadas mediante la violencia indiscriminada y el encarcelamiento masivo de los disidentes. Pero nadie interviene; a diferencia de Siria, Libia o Irak. A la Masonería le interesa que los países hispanohablantes sean débiles y estén desunidos. La masonería, y por ende los racistas kalergianos, son los responsables de la inestabilidad que ha azotado a la región centro y sur de América durante los últimos siglos.

Conviene recordar que los masones fueron los que orquestaron, dirigieron y consiguieron la independencia de los países de habla hispana de la Corona de Castilla. Todo el proceso descolonizador se dirigió desde la Gran Logia de Inglaterra; ya que los agentes de la masonería inglesa tenían mucha influencia en América del sur. Las logias latinoamericanas fueron las principales minadoras del poder español. La Logia Argentina o Unidad Argentina, por ejemplo, fue fundada por el general Manuel Belgrano durante la guerra de independencia contra los españoles. El general Miranda fue uno de los impulsores de la conocida Logia Lautaro, inspirándose en el líder chileno Bernardo O'Higgins Riquelme. Canon Calvo, un cura jesuita, fundó la Gran Logia de Costa Rica en 1865. El general Varela llegó a Perú como el Gran Oriente de Colombia, mientras que Simón Bolívar creaba un proyecto masónico propio: *la Sociedad Patriótica*. El militar Manuel Blanco Encalada impulsó la Logia Simbólica Filantrópica chilena. Podría seguir citando ejemplos. Es más, algunas de estas logias todavía operan en estos días bajo un nombre diferente. Una vez los masones tocan el poder, se niegan a soltarlo.

El discurso de los caudillos latinoamericanos se centra en la negación de la culpa propia, en base a presentar una imagen de eternas víctimas de una conjura interna y externa; ya sea del Reino de España, el Imperio Yanki o la nebulosa Extrema Derecha de sus respectivas naciones. La heterogeneidad estructural beneficia a los regímenes populistas. El populismo de corte marxista que practican aviva los odios y las rencillas, al crear falsos tópicos que repiten hasta la saciedad. No les interesa lograr una sociedad cohesionada. Procuran resaltar las diferencias culturales y raciales que dividen a su pueblo en diferentes estamentos; eclipsando con ello la hipotética unión de las masas, en caso de iniciarse una revolución desde abajo. Las purgas han de ser constantes en el tiempo, si se quiere mantener el poder. Busca, señala o invéntate un enemigo al que perseguir para justificar el terrorismo de estado.

En la Bolivia de Evo Morales se señala a los hacendados y empresarios que no son afines a su régimen, los cuales financian movimientos secesionistas como el del Departamento de Santa Cruz. Rafael Correa en Ecuador etiqueta a la prensa como *"enemiga"* y, hasta el momento, ya ha clausurado más de una veintena de canales de radio y televisión. En tiempos de la Argentina de los Kirchner también se practicó la guerra de estado contra el Grupo Clarín, mediante la aprobación de una ley audiovisual que permitía al gobierno cancelar las licencias de emisión. En la Cuba de los Castro la libertad es algo inexistente. Por ello, cualquiera que proteste es inmediatamente encarcelado. Y qué decir de la Venezuela Chavista post Chávez, cuya calidad democrática está al mismo nivel que la de Somalia o Kazajistán.

A los hechos me remito. El cambio político que esta corriente ideológica, claramente marxista y masónica, ha traído a la mayoría de países de Latinoamérica; ha sido claramente para peor. La izquierda populista es escasamente democrática. La alternancia en el poder es algo que no conciben. Si bien es cierto, los partidos conservadores y neoliberales son en gran parte culpables de haber afianzado en el poder a los gobiernos indigenistas. Y es que, de esos polvos vienen estos lodos. Sátrapas que se decían conservadores como Fulgencio Batista, Antonio Noriega o Gustavo Rojas abonaron la tierra de injusticias, para que años más tarde germinaran las semillas de la revolución populista.

Mugrientos ricachones como Pablo Iglesias, Juan Carlos Monedero y demás *"aconsejadores"* podemitas del monstruo chavista nos tratan de vender las revoluciones llevadas a cabo por libertadores masónicos, como el origen de la socialdemocracia en América Latina; pidiendo la exportación de este modelo fallido de gestión para la vieja y agotada Europa. La alocada interpretación caribeña y subtropical del Manifiesto

Comunista de Marx y Engels está cuajando con fuerza en países como España. Los problemas del sistema capitalista en las sociedades occidentales pretenden ser curados, con la misma enfermedad que está dejando en los huesos a Latinoamérica. Que el comunismo indigenista genere más problemas que soluciones a los ciudadanos, es lo de menos. Lo que cuenta es la imagen y de eso los fieles del asesino Che Guevara saben un buen rato.

El populismo en Latinoamérica está destinado a morir, por culpa de su propio éxito propagandístico. Una vez se hacen con el bastón de mando, demuestran su ineficacia administrativa al convertir el libremercado en monopolios estatales, al apropiarse mediante la expropiación de los bienes de la disidencia y al gastar millones de petrodólares para mantener alienados a los desarrapados que los apoyan. Sin la ayuda y el apoyo de esos mismos tchandalas tercermundistas, los cuales se ponen la camisa roja para hacer la función de violenta guardia pretoriana del régimen; la llama de la revolución no tardaría en extinguirse. A pesar del estrepitoso fracaso que suponen la Venezuela de Chávez o la Cuba de los Castro, muchos pijo-comunistas se niegan a aceptarlo; ya sea por nostalgia revolucionaria o por haber hecho de la revolución bolivariana su modus vivendi.

Aunque los populismos indigenistas se niegan a abandonar sus mantras, hace mucho que su discurso social ya les ha abandonado a ellos. Su oratoria no consigue frenar la hiperinflación, la bajada de salarios o el desabastecimiento. Al final, la pobreza y la desigualdad afecta por igual a los partidarios y detractores de los regímenes populistas.

OTRAS OBRAS DEL AUTOR

EL ODIO DE LOS BUENOS

Armando es uno de tantos jóvenes españoles insatisfechos y resentidos con un sistema democrático que les prometió tanto, pero que luego ha terminado arrebatándoles casi todo. Harto de malvivir con gente que lo rechaza por sus ideas y a la que tampoco llega a comprender; termina buscando una salida en la política, el fútbol y sobre todo en las peleas callejeras. Y cuanto más se va apartando de esa sociedad progresista y multicultural a la que tanto desprecia, se irá dando cuenta de que España no es país para españoles.

PATRIOTISMO O BARBARIE
(Nacional Revolucionarios del siglo XXI)

¿Qué significa, a día de hoy, ser patriota? Casi nadie sabe, realmente, qué se oculta detrás de la definición de patriota. Los patriotas somos una especie en extinción, una rara avis, seres cuasi mitológicos de los que solo se conoce de su existencia por antiguos y polvorientos legajos que son despreciados por el hombre moderno. De ahí la importancia de preservar, defender y avivar la diminuta y casi extinta llama nacionalista que, se supone, anida en los escasos corazones europeos que todavía no han caído cautivos de la desinformación.

AENIGMA IUDAICUM

(De Mesopotamia a la Tierra Prometida)

A lo largo de la historia, ríos de tinta han corrido respecto a la cuestión judía. Son numerosos sus detractores, pero también sus defensores. Cuando se toca la cuestión judía no hay lugar para medias tintas o para plumas pusilánimes: o los amas o los desprecias. Nunca nadie había conseguido generar tal cantidad de sentimientos encontrados: «Incluso en sus mayores defectos, el judío puede ocultar alguna de sus mayores virtudes».

Al evaluar la actuación de la problemática judía a lo largo de la historia, se puede observar cómo esta abarca diferentes conceptos: políticos, sociales, económicos, religiosos e históricos. Por ello, la cuestión judía debe ser considerada desde una perspectiva histórica, sociológica y teológica; ya que, en la actualidad, todavía surgen dudas acerca de quién o qué es ser judío.

LA VERDAD INCÓMODA

La verdad natural de las cosas es la principal enemiga del ser humano. Siempre han existido un tipo específico de hombres y mujeres a los que la certeza les resulta cuanto menos incómoda. En la era del engaño, el más falso y tramposo termina gobernando sobre el resto. La verdad oficial, al gusto del consumidor, siempre se podrá prefabricar. Los censores del pensamiento saben que, cuando se libren del último pensador políticamente incorrecto, habrán terminado de ganarle la partida a la verdad. Nos jugamos mucho como para claudicar sin dar pelea. La inacción o el silencio cómplice no nos favorecen.

EL PODER DE LA SANGRE: EL DESPERTAR

«En un mundo desolado por el caos y la destrucción, por guerras inmensurables, con una sociedad decrépita y unos dirigentes corruptos; un solitario cazador es llamado a ser el adalid de una nueva era. Una aventura épica repleta de batallas y magia, en la que se confunden el bien y el mal y el orden impuesto se ve trastocado por la afilada hacha de Kerron, el Cazador, y la búsqueda de su propio destino».

EL PODER DE LA SANGRE: RESURRECCIÓN

«El Día de la Resurrección ha llegado. Los no muertos arrasan el territorio de Uldarsteir, al norte de Keltnar, guiados por el macabro Profeta de Nolt. La plaga creada por Zeildoux no conoce el miedo ni el cansancio. Sin alma ni conciencia; los resucitados se lanzan al combate, desatando la carnicería. En el sur, la situación no es mucho mejor. La guerra asola campos y ciudades sin hacer distinción. Las tropas imperiales del Dras avanzan, sin oposición, hacia el valle de Holbon. El acero tuarnak riega las tierras conquistadas con la sangre alba de los caídos en combate. Batallas tras batalla, los ejércitos de Cronfort caen derrotados en una lucha sin cuartel; en la que el perdedor será exterminado.

Mientras tanto, Gorben y Kerron continúan sus vivencias por separado; sin saber que el destino los conduce hacia un mismo lugar».

EL PODER DE LA SANGRE: LA PURGA

Una vida ha de extinguirse para que otra renazca en su lugar. Las llamas devoran los campos y ciudades de Aryn, llevándose por delante a quienes rechazan las leyes más elementales de la madre Bjanar. La purga ha comenzado y los cobardes no tienen lugar en el que poder esconderse. Viejos y nuevos odios son avivados por los intereses de unos pocos. Kerron cree haber enterrado su convulso pasado en lo más profundo de su desgajado corazón, junto con los cadáveres que ha ido dejando a su paso. Como señor de Morderviev, gobierna las norteñas Tierras Inmaculadas en el nombre del Profeta de Nolt. En el centro del tablero de juego, los habitantes de las verdes llanuras de Helbon sufren la opresión del Eterno Azul y de su rey títere. En compañía de Illium y Agdius, Gorben ha comenzado su peregrinar hacia el Este. En el Sur, el Imperio Tuarnak ha echado raíces en el continente de Aryn. Y mientras tanto, una fuerza imparable avanza desde el lejano Oeste.

PENSAMIENTO HEREJE

¿Qué significa «Pensamiento Hereje»? Es muy sencillo: pensamiento hereje es tratar de alcanzar la verdad, pensamiento hereje es cuestionarse los dogmas sociales que nos quieren imponer, pensamiento hereje significa hablar claro sin temor a represalias; en definitiva, pensamiento hereje es ser «políticamente incorrectos».

LOBOS ENJAULADOS

(Diario de un Condenado I)

En los Estados Unidos de América del siglo XXI, los blancos hemos pasado a ser los nuevos negros. Lo más indignante es que, a los Señores X como yo, nos obligan a conformarnos con las sobras que nos lanzan. Ni siquiera nos permiten defender lo poco que tenemos.

Por desgracia, formo parte de esos millones de «White Trash» a los que nuestro gobierno pone en el último lugar a la hora de acceder a los puestos de la administración o recibir la limosna pública. «Basura Blanca», nos llaman. Os imagináis la que se formaría en las calles, si en las noticias se refirieran a los afroamericanos como: «basura negra». Estad tranquilos, eso nunca pasará; no se atreverían a hacerlo.

No me llamo «Señor X», mi nombre real es Jos August Calú y ésta es mi historia.

TIERRA DE BANDAS
(Diario de un Condenado II)

Tú, sí, tú. Claro que te estoy hablando a ti, joder. ¿Ves acaso a otra persona leyendo este libro? Espabila chaval, no es tiempo de dormirse en los laureles. Como supongo que serás blanco, te diré un par de cosas. La primera. Estamos inmersos en una Guerra Racial y la vamos perdiendo. La segunda. Todavía estás a tiempo de lograr que las cosas cambien. Deja de ser un panoli, abandona tu posición de eterna víctima del sistema y defiéndete con uñas y dientes. Cuando tengas dudas, recuerda que tú eres de los buenos, que tú eres de los blancos.

¿Quién soy yo para decirte todo esto? Me presentaré. Por si todavía no lo sabes, mi nombre es Jos August Calú y ésta es la continuación de mi historia.

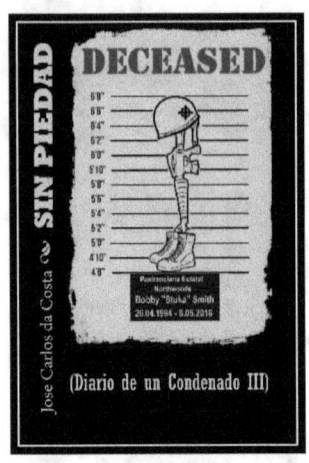

SIN PIEDAD

(Diario de un Condenado III)

Lo prometido es deuda. Son demasiadas las horas que hemos invertido juntos, como para que ahora os deje sin conocer el final de mi historia. Os anticipo que no habrá un final feliz, cuando se cierre por completo la trilogía de mi vida. El arcoíris no suele salir para la gente como yo. Tal vez, para los judíos sí, pero no para los malvados hombres blancos.

De todas formas, yo sé quién soy y eso es lo que cuenta. Mi nombre es y siempre será Jos August Calú, y éste es el final de mi historia. Éste y no otro. Recordadlo.

PERDÓN POR TODO, MALVADO HOMBRE BLANCO

¿Los blancos somos culpables de ser blancos?

Meditadlo bien, no os precipitéis. Hemos llegado a creer que somos aquello que nos dicen que somos, aunque la realidad lo desmienta. Nuestros enemigos nos han definido como un pueblo genocida, opresor, egoísta, enfermo, explotador, materialista... ¿Acaso estos prejuicios son fruto del racismo?

Sí, aunque os sorprenda escucharlo/leerlo, el «Racismo Anti-Blanco» existe y en este libro os lo demuestro.

¿POR QUÉ ALGUNOS ESPAÑOLES ODIAN A ESPAÑA?

Algunos españoles son incapaces de ligar su propia existencia a la de España. Por lo general, el autoodio que sienten les impide soportar la carga étnico-histórica de haber nacido en, lo que para ellos es: «un infierno terrenal». Anhelan con ansiedad ser extranjeros, buscan expiar históricos pecados no cometidos, atacan con saña a la mayoría a la que pertenecen.

¿Cómo podemos explicar tan aberrante forma de actuar? ¿A qué podemos atribuirlo? ¿Quién está detrás de este lavado cerebral colectivo? ¿Beneficia a alguien dicha espiral endofoba? ¿Podrán curarse algún día los enfermos de anti españolismo? En este libro trataré de dar respuesta a estas y otras preguntas.

RAHOWA (Guerra y Caos)

Tras el amanecer del segundo día, los supervivientes del Largo Invierno Atómico fueron ganándose su espacio vital en un caótico e inhóspito mundo. ¿Cómo lo hicieron? Batallando.

El horror antecede y precede al paso de las Compañías de mercenarios del Nuevo Mundo. Fuego, acero, furia, caos y muerte son los presentes que estas aves de mal agüero llevan bajo el ala. Algunos de ellos pelean por el oro, otros por el honor y unos pocos lo hacen para evitar la desaparición de su raza.

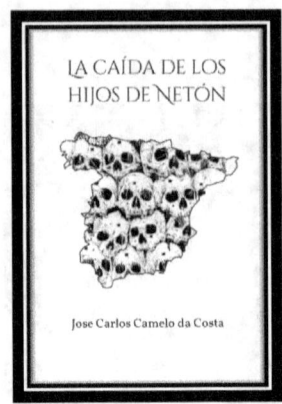

LA CAÍDA DE LOS HIJOS DE NETÓN

Las intrigas, rencillas, envidias y traiciones de la casta política española facilitaron la entrada del enemigo en la Península Ibérica. Aquellas oscuras gentes, venidas de los más recónditos lugares de Oriente Medio y el Magreb, cruzaron un Mediterráneo en calma; sin toparse con la más mínima oposición. Los abrasadores vientos africanos del simún barrieron con fuerza y crueldad la ajada piel de toro; de Norte a Sur y de Este a Oeste. Los españoles cayeron por millones durante el primer año de la invasión. Las bombas, la radiación, las epidemias y las continuas razias de los invasores causaron, en poco tiempo, una catástrofe demográfica nunca vista en la historia de la humanidad. Los pocos nativos peninsulares que lograron escapar de aquel cruel genocidio, no tardaron en envidiar el destino de los caídos. Miedo, hambre y esclavitud; tanto para ellos como para sus hijos.

Cuatro años después, con la tierra envenenada y congelada; sobrevivir se ha vuelto aún más difícil. Invasores extranjeros y refugiados españoles vagan, sin rumbo fijo, por los yermos campos; atrapados en una terrorífica y gélida pesadilla de la que no pueden despertarse.

Sobre el autor:

Patriota incansable. Padre de familia, activista defensor de los derechos civiles de los blancos, escritor de relatos y textos políticamente incorrectos; *"Racismo, Inmigración y Refugiados: la gran conspiración antieuropea"* representa el regreso de J. Carlos Camelo da Costa al ruedo de la política. Las opiniones políticamente incorrectas no están bien vistas en estos tiempos. La censura oficialista aniquila las ideas independientes, empujando a los hombres al abismo de la sucia mediocridad. *"Racismo, Inmigración y Refugiados: la gran conspiración antieuropea"* es una obra de carácter informativo que viene a aportar un poco de luz, a una Europa sumida en las tinieblas de la ignorancia.

El alarmismo amarillista no forma parte de este libro. Los datos aportados por el autor son fácilmente contrastables y verificables. No hay exageración alguna en ellos. La verdad que se cuenta es tan contundente, que no necesita aderezo alguno.

Para contactar con el autor:

Blog: www.el-poderdelasangre.blogspot.com.es

Twitter: @NoSPDisidentes

Email: elpoderdelasangre@hotmail.com

Dedicado a...

Una página dedicada a mi mujer, por ser la mejor compañera sentimental para este largo viaje que es la vida.

Una página dedicada a mi hijo, mi más grande motivo para seguir luchando por alcanzar un mundo mejor y más justo.

Una página dedicada a mis lectores, por confiar en mí cuando otros no lo hicieron.

Una página dedicada a los presos patriotas, mártires encarcelados injustamente por un sistema corrupto que persigue al disidente.

Una página dedicada a los militantes y activistas identitarios, por mantener viva la llama de la revolución.

Una página dedicada al pueblo español, por seguir en pie pese a llevar sobre sus espaldas la pesada carga de la crisis.

Una página dedicada la gente de bien, sea blanca o negra, cristiana o musulmana, oriental u occidental.

Una página dedicada a quienes pensáis diferente, en espera de que algún día abráis los ojos y os deis cuenta de la realidad.

En definitiva, una página dedicada a ti, que me estás leyendo en estos momentos.

¡GRACIAS A TODOS!

Nos seguiremos leyendo; si os dejan y me dejan.

INDICE

Apreciado lector:

Una vez leída esta obra y siendo conocedor de una verdad que no verás publicada en los Pravda oficialistas, dime:

¿TODAVÍA SIGUES PENSANDO QUE ERES LIBRE?

Abre bien los ojos, los Comisarios del Pueblo para Asuntos Internos (SJW) te están vigilando.

Atentamente:

J. Carlos Camelo da Costa
Escritor Disidente
Gulag de España